THÉORIE DE L'ESPRIT ET PÉDAGOGIE CHEZ KARL POPPER

Pédagogie : crises, mémoires, repères

Collection dirigée par Loïc Chalmel, Michel Fabre, Jean Houssaye et Michel Soëtard

La collection « Pédagogie : crises, mémoires, repères » répond à un triple objectif :

1 - Elle se propose de soumettre à la réflexion théorique les problématiques et les situations de crise qui agitent le monde pédagogique.
2 - Elle vise à vivifier les mémoires historiques capables d'éclairer le pédagogue pour l'action présente.
3 - Elle entreprend de décrypter les repères philosophiques, éthiques, politiques qui portent le pédagogue en avant des réalités.

Déjà parus

HUBERT Bruno, *Faire parler ses cahiers d'écolier*, 2012.
VINCENT Hubert, *Le peuple enfant et l'école, Pourquoi pas Alain ?* 2012.
CHALMEL Loïc, *Pestalozzi : entre école populaire et éducation domestique*, 2012.
SOETARD Michel, *Penser la pédagogie. Une théorie de l'action*, 2011.
JACOMINO Baptiste, *Alain et Freinet. Une école contre l'autre ?*, 2011.
BILLOUET Pierre, *L'éducation scripturale. De la plume au clavier*, 2010.
JANNER-RAIMONDI Martine, *Surgissements démocratiques à l'école primaire. Analyse de conseils d'élèves*, 2010.
TROUVE Alain, *Penser l'élémentaire. La fin du savoir élémentaire à l'école ?*, 2010.
BILLOUET Pierre (coord.), *Figures de la magistralité. Maître, élève et culture*, 2009.
CHARBONNIER Sébastien, *Deleuze pédagogue. La fonction transcendantale de l'apprentissage et du problème*, 2009.

Alain Firode

THÉORIE DE L'ESPRIT ET PÉDAGOGIE CHEZ KARL POPPER

Le « seau » et le « projecteur »

Du même auteur

La dynamique de d'Alembert, Bellarmin/Vrin, Montréal/Paris, collection « Analytiques » – n° 13, 2000.

5-7, rue de l'Ecole-Polytechnique, 75005 Paris

http://www.librairieharmattan.com
diffusion.harmattan@wanadoo.fr
harmattan1@wanadoo.fr

ISBN : 978-2-336-00106-7
EAN : 9782336001067

Introduction

Il ne semble pas que l'œuvre de K. Popper ait reçu de la part des penseurs contemporains de l'éducation, pédagogues, psychologues ou philosophes, toute l'attention qu'elle mérite. Les références à l'auteur de *La logique de la découverte scientifique* dans les recherches actuelles en pédagogie et en didactique sont relativement peu nombreuses (si on les compare par exemple aux fréquentes allusions à G. Bachelard) et se bornent le plus souvent au rappel convenu de quelques-unes des thèses les plus connues de l'épistémologie faillibiliste. Cette situation tient en grande partie à l'attention presque exclusive dont bénéficie, de la part des lecteurs non spécialistes de Popper, le versant purement épistémologique de sa philosophie. On ne voit ordinairement dans cette dernière qu'une théorie de la science et de son progrès, sans tenir compte des aspects par lesquels elle est également tournée vers l'étude du sujet humain et la question de l'apprentissage. De cette lecture sélective résulte une perception globalement déséquilibrée de la pensée poppérienne, qui laisse dans l'ombre le lien intime unissant celle-ci et les préoccupations d'ordre pédagogique.

Avant d'être celle d'un philosophe et d'un épistémologue, la réflexion de Popper, on l'oublie trop souvent, fut pourtant d'abord celle d'un psychologue et d'un pédagogue. Ses premiers textes publiés portent significativement sur des questions de pédagogie générale (« *Über die Stellung des Lehrers zu Schule und Schüler* », 1925, « *Zur Philosophie des Heimatgedankens* », 1927). A l'Institut Pédagogique (1925 – 1927), puis à l'Université de Vienne où il étudie sous la direction de K. Bühler, Popper consacre ses premières recherches à critiquer les théories associationnistes qui attribuent un rôle déterminant à la répétition et à l'habitude dans le processus d'apprentissage (*Gewohnheit und Gesetzerlebnis in der Erziehung*, 1927, « *Die Gedächtnispflege unter dem Gesichtspunkt der Selbsttätigkeit* », 1931). Cet intérêt initial pour les questions de pédagogie et la psychologie de l'apprentissage, par ailleurs, n'est pas seulement celui d'un théoricien, mais aussi d'un enseignant activement impliqué dans les transformations que subit alors l'école autrichienne, d'abord comme éducateur de jeunes enfants puis comme professeur de mathématiques et de physique dans le secondaire.

Popper participe avec « enthousiasme »[1] à la réforme scolaire mise en œuvre par le social démocrate Otto Glöckel, visant à remplacer les anciennes méthodes pédagogiques de la *Lernschule* (l'Ecole de l'apprentissage) par les méthodes innovantes prônées par l'« Ecole du travail » (*Arbeitsschule*) du pédagogue E. Burger, où l'acquisition du savoir est censée s'appuyer sur l'activité autonome (*Selbsttätigkeit*) de l'élève.

Si la place occupée par les préoccupations pédagogiques dans les premiers écrits ne fait pas de doute, qu'en est-il dans l'œuvre de la maturité ? On sait que Popper, après avoir soutenu sa thèse en 1928 (*Zur Methodenfrage der Denkpsychologie*), donne une nouvelle direction à sa carrière en décidant de délaisser la psychologie de la découverte pour se tourner vers la « logique de la découverte scientifique ». La radicalité apparente de cette réorientation incite généralement à tenir pour négligeable, en ce qui concerne l'interprétation globale de sa pensée, l'intérêt primitif du philosophe pour les questions touchant l'éducation. Celles-ci, pense-t-on, ne joueraient plus aucun rôle dans l'œuvre achevée, ou un rôle seulement très secondaire.

Une telle conclusion, qui conduit à la lecture purement épistémologique de Popper évoquée plus haut, paraît pourtant à bien des égards discutable. Même si la question pédagogique n'est pratiquement plus abordée en tant que telle dans l'œuvre de la maturité, cette dernière témoigne néanmoins, par de nombreux aspects, d'un intérêt persistant pour des questions se rattachant, au moins de façon indirecte, aux problèmes qui préoccupaient initalement le jeune psychologue et pédagogue. Contrairement à ce que pourraient laisser penser certaines de ses déclarations à l'encontre de la psychologie, Popper n'a nullement renoncé, une fois devenu logicien et épistémologue, à prendre en charge l'étude de l'esprit et des processus mentaux. Son projet véritable, particulièrement développé dans la dernière période de sa philosophie, est bien plutôt de les comprendre en empruntant une voie nouvelle et indirecte, fondée sur l'idée que les propriétés et le fonctionnement de l'organe producteur (l'esprit) doivent se tirer de l'examen logique et structurel de ses productions objectives. Aussi l'œuvre de Popper comporte-t-elle, outre sa dimension épistémologique, tout un versant « psychologique » (par son objet et non par sa méthode), trop souvent négligé des commentateurs, dont le contenu touche, directement ou indirectement, à la question de l'éducation (*cf.* sa théorie de l'apprentissage par essais et erreurs, ses remarques sur le rôle de

[1] « Mais nous étions des enthousiastes de la réforme scolaire et des études – même si notre expérience avec les enfants délaissés nous laissait sceptiques quant aux théories qu'on nous faisait ingurgiter à hautes doses. Celles-ci étaient principalement importées des Etats-Unis (John Dewey) et d'Allemagne (Georg Kerschensteiner) », K. Popper, *La quête inachevée,* Paris, Calman-Lévy, 1989, (à partir de maintenant noté *QI*) p. 108.

« l'imagination critique » dans l'invention, artistique et scientifique, sa théorie de l'esprit comme « organe fait pour interagir avec les objets du monde 3 » ou encore ses considérations sur l'apparition de la conscience de soi chez l'enfant dans son dernier ouvrage, écrit en collaboration avec le biologiste Eccles, *The Self and its Brain*).

La persistance, dans l'œuvre de la maturité, de ces réflexions liées à la question du sujet et de son développement (et donc aussi à la question de l'éducation) témoignent que l'intérêt premier de Popper pour la pédagogie et la théorie de l'apprentissage n'est peut-être pas aussi négligeable pour la compréhension globale de sa pensée qu'on le suppose ordinairement. De là l'hypothèse que cet ouvrage se propose d'explorer : à savoir qu'une relecture de la pensée poppérienne est possible qui, partant de cet intérêt initial pour la question du développement psychique et la question de l'apprentissage, en chercherait les prolongements, directs ou indirects, explicites ou implicites, dans l'œuvre de la maturité. Cette façon de considérer la philosophie de Popper constitue, croyons-nous, un guide fécond, susceptible d'en révéler certains aspects (ce que nous avons appelé son « versant psychologique ») fréquemment relégués au profit de la dimension épistémologique (ou parfois encore de la dimension politique) de son œuvre.

Notre objectif est donc, d'une part, d'interroger l'œuvre poppérienne dans son ensemble, les écrits de jeunesse comme les textes de la maturité, sous l'angle d'une théorie de l'esprit et de sa formation ; d'autre part d'en dégager, lorsque l'occasion s'en présente, les implications pédagogiques. Nous nous laisserons guider, pour la conduite de cet examen, par la fameuse double métaphore du « seau » (*Bucket*) et du « projecteur » (*Searchlight*) au moyen de laquelle Popper oppose la conception erronée de l'esprit-réceptacle, issue de l'épistémologie naïve du sens commun, à sa propre conception de l'activité psychique. Déjà présente sous une forme implicite ou partielle dans les textes à teneur psychologique et pédagogique (l'image du seau est utilisée dès 1931), cette opposition est explicitement développée pour la première fois dans une conférence de 1948 (« *Le seau et le projecteur* »), date à partir de laquelle elle sera ensuite constamment reprise et approfondie, jusque dans les derniers textes d'inspiration évolutionniste et darwinienne.

Nous nous attacherons tout d'abord à en examiner le premier terme, soit l'image de « l'esprit-seau » (partie I : *Les illusions du sens commun sur lui-même : la théorie de l'esprit-seau*). Cette métaphore du réceptacle, chez Popper, caractérise une conception très générale de la connaissance – celle que le sens commun adopte spontanément quand il fait retour sur lui-même – qui ne renvoie pas uniquement aux épistémologies empiristes ou aux psychologies de type associassionniste, mais englobe aussi certains aspects des théories d'inspiration rationaliste et innéiste. Aussi la critique de la « *bucket theory of the mind* » n'est-elle nullement équivalente à la critique classique, rationaliste ou kantienne, de l'esprit « table rase » ou « cire molle », comme on le prétend parfois. En prenant pour cible la « théorie du seau », Popper entend s'attaquer à des préjugés épistémologiques particulièrement souterrains et fondamentaux, tels que la réduction de la connaissance à un fait mental ou la croyance à l'existence de « facultés de connaissances », communs à la plupart des conceptions philosophiques ou psychologiques de l'esprit, qu'elles soient rationalistes, criticistes ou empiristes. Des préjugés dont les effets se font prioritairement sentir, comme Popper le souligne lui-même[2], dans le domaine de l'éducation, aussi bien du côté des pédagogies traditionnelles que du côté de certaines pédagogies dites « nouvelles ».

La métaphore du projecteur, quant à elle, sera analysée dans la seconde partie de cette étude, consacrée à l'examen de la théorie poppérienne de l'esprit proprement dite et de ses implications éducatives (partie II : *La théorie poppérienne de l'esprit : programme pour une « révolution » dans la psychologie*). Cette théorie ne s'oppose pas seulement aux vues du sens commun par le rôle actif qu'elle confère au sujet dans la connaissance et le processus d'apprentissage. Son aspect le plus original et le plus profond réside, croyons-nous, dans la mise en évidence du mécanisme « d'auto-transcendance » qui caractérise pour Popper le développement et l'apprentissage dans leur dimension proprement humaine. Selon ce point de vue, les propriétés spécifiques de la psyché humaine s'expliqueraient par la capacité du sujet à détacher de lui-même ses propres productions symboliques et à être en retour affecté par elles comme par des objets extérieurs et autonomes. De là une conception de l'esprit que Popper lui-même tient pour capable de « révolutionner » la psychologie[3], consistant à considérer la subjectivité comme le résultat d'un ensemble d'interactions avec un univers de produits symboliques objectivés, avec ce que le philosophe appelle le « monde 3 » ou encore le monde de la « connaissance objective ».

La plupart des thèses qui viennent d'être brièvement évoquées concernant la nature de l'esprit humain ont été formulées à une époque où Popper, devenu philosophe et épistémologue, a définitivement renoncé à s'exprimer de façon approfondie sur la question de l'éducation. Elles n'en présentent pas moins,

---

[2]Karl Popper, *La connaissance objective*, Flammarion, Paris, 1991 (à partir de maintenant désignée par *CO*), p. 121.

[3]« Mon hypothèse, c'est que nous finirons un jour par révolutionner la psychologie en traitant l'esprit humain comme un organe fait pour interagir avec les objets du troisième monde », (« Sur la théorie de l'esprit objectif », *CO*, p. 249).

nous tenterons de le montrer, des conséquences susceptibles de contribuer en profondeur au renouvellement des idées pédagogiques contemporaines. Il n'est pas inutile, à cet égard, de rappeler ici, en quelques mots, la nature du cadre théorique général dans lequel se développe actuellement la réflexion sur l'éducation.

Le principal reproche adressé par les pédagogues contemporains et les sciences de l'éducation à la pédagogie traditionnelle, comme on sait, est d'évacuer la question des conditions d'appropriation du savoir par le sujet, d'être en quelque sorte une pédagogie sans sujet apprenant, c'est-à-dire en définitive une « non pédagogie ». Cette incapacité à prendre en charge le problème de l'apprentissage est fréquemment présentée comme la conséquence d'une conception réaliste et objectiviste du savoir qui fait de celui-ci une réalité autonome, indépendante du sujet connaissant. B. Rey, pour ne citer que lui, soutient ainsi qu'on est fatalement amené à se désintéresser de la question pédagogique dès lors qu'on identifie le savoir à « un système d'énoncés dont la validité est indépendante du sujet qui l'exprime »[4], dès lors qu'on y voit « un ensemble de propositions censées avoir une cohérence indépendante des sujets qui les possèdent ou tentent de les acquérir »[5]. Selon le même auteur, cette conception objectiviste de la connaissance, dont l'origine renvoie à Platon et à l'idée de « monde intelligible », « fait du savoir une réalité transcendante, autonomisée et tellement extérieure au sujet qu'on ne voit plus comment celui-ci pourra y accéder »[6]. C'est elle qui alimenterait actuellement la « suspicion à l'égard de la pédagogie », toute attention à la démarche de l'élève étant alors forcément « interprétée comme une coupable inattention à la pureté du savoir »[7].

Cette façon d'envisager les choses a conduit de nombreux pédagogues contemporains à adopter comme présupposé un point de vue d'inspiration psychologiste, revendiqué ou implicite. Il ne serait possible selon eux de parler pédagogie que si l'on rejette au préalable la conception objectiviste du savoir, que si l'on identifie la connaissance dans son ensemble à la connaissance subjective, c'est-à-dire à un processus ou à un état mental interne au sujet. Cette orientation subjectiviste constitue effectivement l'un des traits les plus fréquemment relevés (et parfois aussi les plus critiqués) de la pensée pédagogique actuelle. Comme le soulignent L. Jaffro et J.B. Rauzy, le savoir « dans le lexique des didacticiens ne désigne pas (...) un objet ou une institution, mais l'activité d'un sujet. Les didacticiens admettent que ce

---

[4] B. Rey, *Les compétences transversales en question,* ESF, Paris, 1996, p. 42.
[5] *Ibid.*, p. 46.
[6] *Ibid.,* p. 45.
[7] *Ibid.*, p. 44.

sujet peut être collectif, mais ils insistent sur le fait que le savoir n'existe pas en dehors de son activité »[8]. De là le ralliement presque unanime des didacticiens et des pédagogues au « constructivisme » psychologique. Selon le point de vue constructiviste, tel qu'il se présente par exemple dans l'épistémologie génétique de Piaget, la connaissance n'est qu'« un phénomène psychologique, un état produit en l'homme par son rapport avec le monde »[9]. Les objets intellectuels, les théories et les œuvres déposés dans les livres, se trouvent par là même réduits à n'être que la manifestation extérieure et la traduction symbolique des opérations psychologiques qui les ont engendrés. Comme le note Popper à propos du constructivisme mathématique de Brouwer, leur objectivité ne tient pas à ce qu'ils seraient à proprement parler des « objets » ayant une réalité indépendante du sujet, une réalité extra mentale, mais à ce que les opérations qui les engendrent sont universellement reproductibles[10]. Faire des mathématiques, dans cette conception des choses, ce n'est pas rencontrer un « monde » peuplé d'objets théoriques doués de propriétés objectives autonomes, comme par exemple le nombre entier, c'est accomplir certaines « opérations mentales », comme l'abstraction, la sériation etc., opérations dont l'objet mathématique n'est que la formalisation théorique. Il est vrai que les didacticiens contemporains ont insisté, en s'écartant de Piaget, sur le caractère social et intersubjectif du processus par lequel se construit le savoir. Cet infléchissement du constructivisme dans le sens d'un « socioconstructivisme » n'a cependant rien modifié quant au rejet, toujours aussi radical chez la plupart d'entre eux, de toute conception objectiviste de la connaissance.

On peut donc dire, pour reprendre une fois encore les termes de B. Rey, que la pensée pédagogique contemporaine, d'une manière générale, s'est construite en rejetant l'idée d'un « savoir extérieur au sujet »[11], ou, en termes poppériens, d'un savoir objectif, puisque « objectif », au sens où Popper parle de « connaissance objective », ne signifie pas dépourvu de préjugés subjectifs, mais « traitable comme un objet », c'est-à-dire doué d'une réalité et de propriétés logiques autonomes. Tout se passe donc comme si la situation contemporaine nous plaçait devant une alternative : ou bien souscrire à une épistémologie objectiviste qui affirme « l'antériorité logique des structures des connaissances à transmettre sur les processus psychologiques de l'apprentissage »[12] et renoncer du même coup à prendre en compte le point de

---

[8]L. Jaffro, J.B. Rauzy, *L'école désœuvrée*, Flammarion, Paris, 1999, p. 174.

[9] Renée Bouveresse, *Karl Popper ou le rationalisme critique*, Vrin, Paris, 1998, p. 104.

[10] *CO*, p. 215.

[11] B. Rey, *op. cit.*, p. 44.

[12] A. Vergnioux, *Pédagogie et théorie de la connaissance, Platon contre Piaget*, Peter lang, Berne, 1991, p. 20.

vue du sujet apprenant ; ou bien, à l'inverse, prendre en compte ce dernier et être conduit de ce fait à adopter une conception de la connaissance inévitablement marquée au coin du subjectivisme et du psychologisme.

Ces quelques remarques font voir en quoi réside, pour la réflexion pédagogique contemporaine, l'intérêt de la pensée poppérienne. Celui-ci tient principalement, selon nous, à ce qu'elle propose un cadre théorique permettant d'échapper à l'alternative dont il vient d'être question. D'un côté, certes, Popper distingue rigoureusement le « monde 3 » (le monde de la connaissance objective) du « monde 2 » (le monde des faits psychologiques). Ses analyses fournissent ainsi, nous le verrons, des arguments à bien des égards décisifs à l'encontre des théories psychologistes qui tiennent l'univers symbolique et les œuvres de l'esprit pour la simple traduction extérieure de l'activité mentale du sujet. D'un autre côté, cependant, Popper s'est préoccupé, tout au long de sa carrière philosophique, de penser la *relation* qui unit selon lui ces deux univers distincts. A la différence du monde intelligible platonicien qu'évoque B. Rey, en effet, le « monde 3 » poppérien n'est pas peuplé d'idées éternelles, mais de *productions humaines* (théories, arguments, problèmes) ayant acquis, en raison de leur objectivation linguistique, une forme d'autonomie à l'égard du sujet producteur. Ces objets intelligibles, par ailleurs, ne se donnent pas à contempler passivement telles des essences intangibles : une fois produits, ils affectent en retour le sujet en suscitant son activité critique, en le mettant comme dit Popper au « défi ». Bref ces deux mondes, quoique ontologiquement et structurellement différents, *interagissent* entre eux et n'existent qu'à travers un processus d'échanges incessants. Nous espérons ainsi montrer, à travers cette étude, que la conception poppérienne de l'esprit, compris comme « organe fait pour interagir avec les objets du monde 3 », ouvre un espace où pourrait se construire un discours pédagogique dégagé des présupposés psychologistes et subjectivistes qui lui servent ordinairement d'assise. Un discours qui, tout à la fois, prendrait en compte et le sujet psychologique que constitue forcément l'apprenant et le savoir objectif préexistant avec lequel il entre en interaction.

Les conséquences qui se tirent de la philosophie définitive de Popper nous semblent donc dessiner une pensée de l'éducation foncièrement originale et riche de perspectives novatrices. Celles-ci, bien souvent, s'écartent beaucoup des idées qui enthousiasmaient initialement le jeune étudiant viennois dans les années 1920. On se gardera, par conséquent, d'attribuer systématiquement aux thèses de la maturité une signification pédagogique qui ne ferait que prolonger ou approfondir les positions militantes de Popper à l'époque de son engagement dans le mouvement de l'*Arbeitsschule*. Ajoutons enfin qu'il serait également vain, pour les mêmes raisons, de chercher à situer les analyses poppériennes au sein des oppositions convenues qui occupent le devant de la scène dans les débats contemporains sur l'Ecole (telle par exemple que la fameuse opposition entre « pédagogues » et « républicains »). La philosophie de Popper, nous aurons maintes fois l'occasion de le constater au cours de cette étude, ne peut être mise au service d'un quelconque « parti » pédagogique constitué, qu'il soit novateur ou conservateur. Elle invite bien plutôt à repenser en profondeur les présupposés fondamentaux que ces polémiques de surface, obnubilantes et stériles, laissent le plus souvent inquestionnés.

Partie 1 : La théorie de « l'esprit-seau » ou les illusions du sens commun sur lui-même

Les reproches que Popper adresse au sens commun sont d'une nature tout à fait différente des critiques que les philosophies classiques ont coutume de diriger contre l'opinion. Les philosophes en quête de bases solides et indubitables pour la connaissance lui reprochent ordinairement son manque de fondement et de certitude ; les philosophes d'inspiration idéaliste, quant à eux, s'en prennent à son réalisme spontané, à sa croyance naturelle et irrépressible à l'existence d'une réalité en soi derrière les apparences. Chez Popper, au contraire, il ne s'agit ni de critiquer les modalités épistémiques de la pensée commune, de lui reprocher son caractère incertain, impur, non fondé etc. (ces caractères, comme nous le verrons, sont *aussi* ceux de la connaissance scientifique) ni de combattre sa conception « indiscutablement réaliste »[13] du monde (cette conception est *aussi* celle que défend la philosophie poppérienne). La seule et véritable faiblesse du sens commun est qu'il se montre incapable de rendre compte de lui-même : « Comme on aurait pu s'y attendre il (le sens commun) n'est plus très bon quand il se met à réfléchir sur lui-même. En fait, la théorie du sens commun sur la connaissance de sens commun est naïve et confuse »[14]. Le même point de vue réaliste, qui conduit à des positions justes quand le sens commun pense le monde, devient égarant (« comme on aurait pu s'y attendre ») quand celui-ci entreprend de réfléchir sur lui-même, sur sa propre connaissance. Ce retour du sens commun sur lui-même en effet donne naissance à une épistémologie naïvement chosiste qui fait de la connaissance un simple *contenu*, « comme si elle était constituée de choses ou d'entités semblables à des choses » et de l'esprit connaissant un simple *contenant*, un réceptacle semblable à un « seau » (*bucket*). Quant au processus d'acquisition des connaissances, le sens commun l'assimile, de façon tout aussi naïve et réifiante, à une forme de déplacement spatial, à un passage du dehors au dedans, comme si apprendre consistait à « faire entrer » une connaissance « dans » l'esprit.

Telle est dans ses grandes lignes la théorie de la connaissance du sens commun, dite plus simplement par Popper « théorie de l'esprit-seau » (*bucket theory of the mind*). Réduite à sa plus simple expression, sa thèse principale

[13] *CO*, p. 91.
[14] *CO*, p. 119.

est que « toute connaissance consiste en une information reçue par l'intermédiaire de nos sens, autrement dit par l'expérience »[15]. Cette théorie, tout en étant issue de la pensée commune, exerce selon Popper une influence déterminante dans de nombreux domaines théoriques, particulièrement en philosophie où « elle fournit les bases sur lesquelles se sont édifiées jusqu'aux plus récentes théories de la connaissance »[16]. La psychologie (surtout la psychologie associationniste et la psychologie d'inspiration behavioriste), la « théorie de l'information », les « théories pédagogiques »[17], elles non plus, n'échappent pas à son emprise. Dans tous ces domaines, constate Popper, la théorie de l'esprit-seau « demeure toujours extrêmement vivante (...) et ses présupposés inconscients continuent d'exercer, sous une forme ou sous une autre, une influence désastreuse »[18].

Les erreurs contenues dans la théorie « foncièrement naïve et complètement erronée » de l'esprit-seau sont « multiples »[19] et n'ont pas toutes été découvertes ni critiquées par Popper au même moment de sa carrière. Quoique liées entre elles, celles-ci touchent diverses questions, philosophiques, psychologiques ou pédagogiques, parfois éloignées en apparence les unes des autres, abordées par le philosophe à différentes étapes de son parcours intellectuel. Nous nous proposons, dans ce qui suit, d'étudier ces diverses illusions issues de l'épistémologie du sens commun en les regroupant sous trois erreurs principales. La première d'entre elles, critiquée dès les travaux de jeunesse de Popper à l'Institut pédagogique de Vienne, tient au rôle majeur que la théorie de l'esprit-seau attribue à la répétition et à la formation d'habitudes dans le processus d'apprentissage (chapitre 1 *Habitudes et apprentissage*). La seconde erreur, dont la critique est plus tardive dans l'œuvre de Popper, touche quant à elle la nature même de la connaissance. Il résulte de la théorie de l'esprit-seau, en effet, que « la connaissance est, d'abord et avant tout, en nous »[20], qu'elle s'identifie avec un certain état mental du sujet. La théorie du sens commun, en d'autres termes, conduit à une épistémologie foncièrement *subjectiviste* qui fait du sujet l'unique porteur possible de la connaissance (chapitre 2 *La conception subjectiviste de la connaissance subjective* et chapitre 3 *La conception subjectiviste de la connaissance objective*). La troisième erreur, dont la critique appartient elle aussi à l'œuvre de la maturité, concerne enfin la situation épistémique du sujet connaissant. Parce qu'elle implique la croyance

---

[15] *CO*, p. 121.
[16] *CO*, p. 120.
[17] *CO*, p. 121.
[18] *CO*, p. 121.
[19] *CO*, p. 121.
[20] *CO*, p. 121.

à l'existence d'une « connaissance directe ou immédiate », absolument certaine, constituée « d'informations pures, non altérées »[21], la théorie de l'esprit-seau est à l'origine des diverses « épistémologies optimistes » qui voient en l'homme un être naturellement fait pour connaître le réel. Pour ces « doctrines du caractère manifeste de la vérité », qui dotent le sujet d'une « faculté de connaissance » lui donnant infailliblement accès au réel, l'erreur et l'ignorance ne peuvent s'expliquer que par l'intervention d'un élément extérieur, accidentel et impur, étranger au processus même de la connaissance (chapitre 4 *L'optimisme épistémologique*). Ainsi la connaissance du sens commun ne peut-elle faire retour sur elle-même sans tomber immanquablement dans l'illusion : elle ne parvient à comprendre correctement ni le processus par lequel le sujet acquiert ses connaissances, ni en quoi consiste la connaissance (subjective et objective), ni enfin ce qui fait de l'homme un être intrinsèquement faillible.

[21] *CO*, p. 121.

Chapitre 1

Habitude et apprentissage

La « pédagogie du travail »

La critique de l'esprit-seau, qui traverse toute l'œuvre poppérienne, a d'abord été psychologique et empirique avant de devenir philosophique et de déboucher sur une critique épistémologique générale de l'induction. Sa version initiale date de la période où Popper se considère encore avant tout comme un psychologue de l'école de la *Denkpsychologie*, disciple de Karl Bühler et d'Otto Selz, et un pédagogue activement impliqué dans le mouvement de la *Schulreform* autrichienne des années 1920, partisan convaincu de l'*Arbeitspädagogik* d'Eduard Burger et de ses méthodes innovantes. Il importe, avant d'analyser les textes explicitement consacrés à la théorie de « l'esprit-seau », de préciser la nature de cette « pédagogie du travail » dont les thèses constituent le point de départ de la réflexion pédagogique du jeune Popper.

Popper déclare à plusieurs reprises avoir été un partisan enthousiaste de la réforme scolaire autrichienne et de l'« *Arbeitspädagogik* » que les réformateurs cherchent à promouvoir auprès des enseignants. Apparue en Allemagne au début du XXe siècle, la « pédagogie du travail » désigne un mouvement dont les principes, largement inspirés des thèses de Dewey, se rattachent au courant général des « pédagogies nouvelles » qui se développe alors un peu partout en Europe. Les principaux reproches que ses partisans adressent aux pratiques de l'école traditionnelle (dite par eux « Ecole de l'apprendre » – *Lernschule* –) sont identiques à ceux que formulent ordinairement les théoriciens des méthodes « actives » à l'encontre de l'enseignement classique : à savoir de réduire l'apprentissage à l'acquisition de connaissances purement factuelles, au détriment de la formation des capacités de l'élève ; d'utiliser des procédés d'inculcation mécaniques incitant ce dernier à la passivité et à la soumission, au détriment du développement de sa créativité et de son autonomie ; de ne tenir aucun compte, enfin, des nécessités imposées par le développement physique et mental de l'enfant. A ces procédés autoritaires, jugés globalement nuisibles, « l'Ecole du travail » entend opposer une pédagogie où l'acquisition du savoir s'appuierait au contraire sur l'auto-activité de l'élève (*Selbsttätigkeit*). Aussi, comme l'explique W. Bartley, le mot *Arbeit* (dans l'expression *Arbeitsschule*) ne se réfère-t-il pas seulement « au travail manuel et aux métiers enseignés. Dans le contexte de l'expression allemande '*sich etwas erarbeiten* ', ce mot renvoie à une participation active aux leçons, ne visant pas simplement à les faire emmagasiner, comme dans la *Lernschule*, mais à développer des aptitudes. '*Sich etwas erarbeiten* ' suggère l'idée d'acquisition de connaissances à travers le travail ou la résolution de quelque chose par soi-même »[22]. Alors que dans l'école traditionnelle « la plupart du travail était à la charge du maître », dans l'Ecole du travail « l'élève doit chercher ». Ce qui ne signifie pas que la nouvelle école renonce à l'acquisition de connaissances positives, mais que « la conquête (*das Erwerben*) des connaissances devient l'aspect le plus important »[23]. Il s'ensuit que l'élément essentiel à prendre en considération n'est plus le savoir constitué imposé par le programme, comme dans l'Ecole de l'apprendre, mais « le point de vue de l'enfant à partir duquel on va aider à la construction de nouvelles connaissances »[24]. De là la nécessité, pour l'enseignant, d'être proche du vécu de l'enfant (*lebensnahe*) et de conduire les apprentissages en partant toujours de l'expérience de son entourage immédiat. Telles sont, dans leurs grandes lignes, les thèses sur lesquelles s'appuie la réforme scolaire décidée dans les années 1920 par le social démocrate autrichien Otto Glöckel (1874-1935). Leur théoricien le plus influent est le pédagogue Eduard Burger[25] (1872-1938), qui pilote alors en tant qu'inspecteur fédéral du Ministère de l'Education la mise en œuvre de la réforme dans les écoles de la ville de Vienne, et dont l'ouvrage *Arbeitspädagogik : Geschichte, Kritik, Wegweisung* (1914, seconde édition augmentée en 1923) constitue la référence principale des réformateurs. La diffusion de ces idées, enfin, est assurée par l'Institut pédagogique (IP) de la ville de Vienne (dirigé par un collègue de Burger, Viktor Fadrus) dont Popper suit le cycle de formation au professorat (organisé en quatre semestres) de 1923 à 1925.

---

[22] W. Bartley III, « Theory of language and philosophy of science as instruments of educational reform : Wittgenstein and Popper as autrian schoolteachers », in R. S. Cohen et Wartkofsky (eds) *Methodological and Historical Essay in the Natural and Social Sciences*, Dordrecht/Boston, D. Reidel publishing compagny, 1974, p. 311-312.

[23] O. Glöckel, *Die Österreichische Schuhlreform*, Wien, Verlag des Wiener Volkbuch Handlung, 1923, p. 13, cité par Dario Antiseri, *La Vienne de Popper*, Paris, PUF, 2004, p. 15.

[24] *Ibid.*, p. 13.

[25] Eduard Burger, né en Allemagne (Niederlichtenwalde) en 1872, est diplômé à Prague en 1913 d'une thèse de doctorat « L'activité, un principe psychologique et pédagogique ». Après avoir été professeur de pédagogie à l'Institut Pédagogique Fédéral d'Innsbruck (1900 à 1920), il assure à partir de 1920 la fonction d'Inspecteur fédéral (*Landschulinspektor Hofrat*) auprès du Ministère autrichien de l'Education où il conduit la réforme scolaire dans les écoles de Vienne. En 1916, il devient l'éditeur des *Monatshefte für pädagogische Reform* rebaptisés en 1920 *Die Quelle*, revue dans laquelle Popper publie deux de ses premiers articles (1925 et 1931). Il quitte le ministère en 1934 et meurt en 1938 à Vienne.

La critique psychologique de l'esprit-seau

La première apparition explicite de la métaphore de « l'esprit-seau » se situe dans un article intitulé « *Die Gedächtnispflege unter dem Gesichtspunkt der Selbsttätigkeit* » (« l'exercice de la mémoire du point de vue de l'auto activité »), paru en 1931 dans la revue *Die Quelle* (dirigée par E. Burger) [26]. Dans cet écrit fortement engagé en faveur de la Réforme scolaire, Popper se propose d'établir que les méthodes pédagogiques alors prônées par « les didacticiens du travail », qui mettent en avant le principe de l'auto activité (*Selbsttätigkeit*) de l'élève, ne conduisent pas à délaisser l'éducation de la mémoire, contrairement à ce que pourrait laisser penser une interprétation partiale et superficielle du point de vue des réformateurs. Bien comprise, en effet, la pédagogie novatrice de « l'Ecole du travail », que veut promouvoir la Réforme, l'emporte doublement sur la pédagogie traditionnelle de « l'Ecole de l'apprendre » : non seulement en ce qui concerne la formation du jugement et de la pensée critique, comme on pouvait s'y attendre, mais aussi, de façon moins évidente, en ce qui concerne la formation de la capacité mentale à stocker un grand nombre de connaissances. A première vue, reconnaît Popper, le recours aux exercices répétitifs, à l'acquisition méthodique d'habitudes, sur lesquels repose la pédagogie de « l'Ecole de l'apprendre », semble être plus propice à l'éducation de la mémoire et à l'emmagasinement durable des connaissances positives qu'une pédagogie de l'activité, incitant l'élève à acquérir (*erwerben*) par lui-même son savoir. Ce prétendu privilège des méthodes traditionnelles, toutefois, repose en fait sur une conception naïve du processus de mémorisation, issue de la psychologie associationniste. Selon ce point de vue, « la mémoire n'est rien d'autre qu'un récipient, une sorte de seau (*Zuber*) pour le savoir. Ce seau n'a par lui-même aucune qualité. Son essence ne consiste qu'à recevoir et à conserver des matériaux (...) Les seules propriétés du seau sont 1° qu'il conserve le matériau plus ou moins bien, et ceci d'autant mieux que ce contenu aura été répété ; 2° qu'il a une certaine grandeur, un certain espace intérieur. La première propriété est appelée le plus souvent la « fidélité » ou la précision de la mémoire ; l'autre l'« étendue » de la mémoire ». Une telle théorie, poursuit Popper, « conduit évidemment à cette conséquence que l'éducation et le perfectionnement de la mémoire ne peuvent se faire que de la façon suivante : 1 en répétant le plus possible ; 2 en bourrant le plus possible le réceptacle, ce dernier moyen étant le seul possible pour élargir l'espace de la mémoire »[27]. Aussi ne s'agit-il que de « remplir »

---

[26] En ce qui concerne les textes pédagogiques de Popper qui ne se rapportent pas directement à la théorie de l'esprit *cf. infra* p. 133, annexe 1 : « *Über die Stellung des Lehrers zu Schule und Schüler* » (1925) et « *Zur Philosophie des Heimatgedanckens* » (1927).

[27] Karl Popper, *Frühe Schriften, Gesammelte Werke in deutscher Sprache*, I, Mohr Siebeck, Tübingen, 2006 (à partir de maintenant désigné par *FS*), p. 32.

l'esprit de l'élève, et non de développer une « fonction psychique » spécifique, le réceptacle inerte auquel est identifiée la mémoire n'ayant en lui-même aucune propriété fonctionnelle susceptible d'être à proprement parler travaillée ou exercée. L'éducation de la mémoire ainsi conçue s'inscrit par conséquent dans la logique d'un enseignement visant uniquement la transmission d'un contenu (conformément au *Stoffprinzip* – au « principe du matériau » sur lequel repose l'Ecole de l'apprendre) et non la formation des aptitudes intellectuelles de l'élève (conformément au *Kraftprinzip* – au « principe de capacité » dont se revendique l'Ecole du travail).

A cette conception naïve de la mémoire-réceptacle, partagée à la fois par le sens commun, la pédagogie traditionnelle et la psychologie associationniste, Popper oppose les résultats mis en évidence par la « psychologie de la pensée » et les théoriciens de « l'Ecole de Külpe » (l'Ecole de Würzburg), particulièrement par K. Bühler et O. Selz[28]. Ces études établissent que les lois prétendument générales de l'apprentissage par répétition et association mécanique ne sont « à proprement parler valables que dans les conditions artificielles du laboratoire, avec un matériau dépourvu de sens »[29]. Elles ne décrivent en aucune façon la réalité des apprentissages dans les situations concrètes où se trouve ordinairement l'élève. Dès lors que le matériau possède une signification, en effet, sa mise en mémoire fait intervenir des processus qui ne peuvent se dériver, par voie de complexification progressive, des mécanismes élémentaires d'association. Pour les tenants de la *Denkpsychologie*, au contraire, les « lois de l'association mécanique » ne sont nullement prolongées mais bien plutôt « refoulées » (*verdrängt*) lors de l'apparition, dans le cours du développement intellectuel de l'enfant, des fonctions psychiques supérieures, impliquant la compréhension d'un sens. Ainsi la forme proprement spirituelle de la mémoire, la mémoire « intelligente » (*judiziose Gedächtnis*), est-elle qualitativement différente de la mémoire mécanique élémentaire. La formation et la conservation du souvenir ne s'y effectuent pas au moyen d'un quelconque processus réitéré d'association, de conditionnement ou d'empreinte mécanique. Elles passent au contraire par la construction active d'une structure systématique globale, d'un « schéma logique», permettant au sujet de s'orienter mentalement dans un ensemble de données. Popper reprend plus particulièrement, sur ce point, les analyses d'Otto Selz[30]. Pour ce dernier la recherche d'un souvenir est

[28] Pour une rapide présentation des principales thèses de la *Denkspychologie*, *cf.* infra annexe 2, p. 137.
[29] *FS*, p. 37.
[30] *FS*, p. 37. Sur l'influence d'Otto Selz sur le jeune Popper *cf.*, en particulier, John R. Wettersten, « New Insights on Young Popper », *Journal of the History of Ideas*, 2005 et W. Berkson, J.

comparable au remplissage d'une « place vide » dans un « complexe » ordonné (*Complexergänzung*), ou encore à la détermination d'une inconnue = x dans une équation. Insérée au sein d'un tel ensemble logique, la pensée oubliée n'est pas simplement absente mais à proprement parler manquante, de telle sorte que l'effort du sujet pour la retrouver s'apparente à un processus de reconstruction logique. Ainsi conçues, la mise en mémoire et la conservation du souvenir relèvent par conséquent d'un « travail de pensée », d'un effort d'invention mentale, et nullement d'un mécanisme de répétition et d'association d'idées.

Le tort de la psychologie associationniste, par ailleurs, n'est pas seulement de s'être méprise sur la nature profonde du processus mémoriel, mais aussi d'avoir manqué le rôle véritable que joue le phénomène de la répétition dans la vie psychique. Sa vraie fonction, en effet, n'est pas, comme le prétend la psychologie traditionnelle, d'établir une relation entre deux idées, ou entre un stimulus et une réaction comportementale, mais « d'écourter » et de « simplifier » une relation elle-même *déjà* établie (Popper mentionne, à l'appui de cette thèse, les études biologiques de Jennings sur les relations entre répétition et temps de réaction des organismes)[31]. L'effet de la répétition est donc essentiellement négatif : elle contribue uniquement à automatiser un processus et par là même à diminuer chez le sujet la conscience qui accompagne la mise en œuvre d'une connaissance ; elle est en revanche impuissante à lui faire acquérir cette connaissance ou à la lui faire mémoriser efficacement. Dans un texte ultérieur, appartenant à la période philosophique de la maturité (*Le réalisme et la science*, publié en 1956), Popper développe la même idée en prenant l'exemple de l'apprentissage du piano. Si nous croyons parfois que la maîtrise de cet instrument repose uniquement sur la pratique mécanique d'exercices répétitifs, c'est que nous ne distinguons pas toujours clairement la phase où le pianiste acquiert et assimile une certaine conduite appropriée (par exemple un certain doigté) de celle où il automatise sa mise en œuvre. La transition continue entre la première étape, qui suppose un travail mental d'organisation, et la seconde étape, quant à elle purement mécanique, donne l'illusion que les exercices répétitifs interviennent dès l'apprentissage proprement dit, alors qu'ils ne servent en fait qu'à nous « familiariser avec quelque chose qui a été précédemment découvert »[32].

Wettersten, *Learning from Error, K. Popper's Psychology of Learning,* La Salle (Illinois), Open Court Compagny, 1984, p. 8-10.

[31] *FS*, p. 40.

[32] Karl Popper, *Le réalisme et la science, post-scriptum à La Logique de la découverte scientifique*, traduction d'Alain Boyer et Daniel Andler, Hermann, Paris, 1990 (à partir de maintenant désigné par *RS),* p. 65.

Les conclusions pédagogiques de ces analyses psychologiques sont apparemment claires. Elles aboutissent, d'une part, au rejet radical des procédés d'apprentissage par répétitions et inculcation mécanique que privilégient l'Ecole de l'apprendre et les pédagogies traditionnelles. Les situations pédagogiques propices à l'apprentissage et à l'éducation de la mémoire « intelligente » ne sont jamais celles où l'élève est confronté à un matériau dépourvu de signification devant être mécaniquement assimilé, mais au contraire celles où lui sont proposés des contenus d'emblée riches de sens qui suscitent son intérêt et l'amènent à construire par lui-même un schéma organisateur de pensée. Les mêmes analyses permettent d'éviter, d'autre part, le piège inverse, consistant à bannir de l'école, au nom de la réforme et de la lutte contre les méthodes traditionnelles, toute forme d'exercices répétitifs et d'entrainement mécanique. Ces derniers, au contraire, jouent selon Popper un rôle positif dans la formation intellectuelle de l'élève, dès lors qu'ils sont utilisés, non comme des procédés d'apprentissage proprement dits, mais comme des moyens d'automatiser et de mécaniser l'usage d'une connaissance déjà acquise par d'autres moyens.

La découverte du principe de « transposition »

Popper est maintes fois revenu au cours de sa carrrière sur cette critique de l'esprit-seau et de la conception associassionniste de l'apprentissage entamée durant les années de formation à l'Institut pédagogique de Vienne. Les arguments utilisés dans les écrits de la maturité, toutefois, sont profondément différents de ceux qu'invoquent les textes de jeunesse. Quoiqu'il s'agisse toujours de critiquer une théorie d'ordre psychologique, portant sur la nature des processus mentaux subjectifs à l'œuvre dans l'apprentissage, les objections dirigées à son encontre, nous le verrons dans un instant, n'invoquent plus aucune expérience de laboratoire, aucun compte rendu d'observations, mais une impossibilité d'ordre logique, des difficultés de type structurel. Les arguments, désormais, ne sont plus ceux d'un psychologue ou d'un pédagogue, mais ceux d'un logicien et d'un épistémologue. Cette façon de procéder résulte de l'application d'un principe méthodologique général, le « principe de transposition », dont la découverte marque, selon Popper, le début de sa carrière proprement philosophique. Ce principe, présenté comme une hypothèse simplement « heuristique », énonce que « ce qui est vrai en logique est aussi vrai en psychologie ». Dans son essai d'autobiographie intellectuelle, *La quête inachevée*, Popper retrace en quelques lignes le cheminement l'ayant amené, aux alentours des années 1930, à une telle conclusion. Alors que ces propres observations n'aboutissaient qu'à confirmer les résultats déjà mis en évidence par les psychologues de l'Ecole de Würzburg, le jeune disciple de K. Bühler se serait progressivement rendu compte que les théories psychologiques critiquées par les théoriciens de la *Denkpsychologie* reposaient en fait sur des erreurs relevant avant tout du domaine de la logique (par exemple, que « la psychologie associative, la psychologie de Locke, Berkeley et Hume, avait simplement transposé la logique aristotélicienne du sujet du prédicat en des termes psychologiques »[33]). De là l'hypothèse générale d'une « priorité de l'étude de la logique sur l'étude des processus mentaux subjectifs »[34] et la décision, corrélative, d'abandonner la « psychologie de la découverte », à laquelle Popper avait consacré ses premiers travaux et sa thèse de doctorat (*Le problème de la méthode en psychologie de la pensée,* 1928), pour la « logique de la découverte », c'est-à-dire l'épistémologie.

Cette indication biographique est d'une grande importance pour l'interprétation globale de la pensée poppérienne. Elle révèle que Popper (à la différence par exemple d'un logicien comme Frege) ne s'est pas tourné vers l'étude de la logique et de l'épistémologie par désinterêt pour la question du fonctionnement du psychisme et des processus subjectifs de la connaissance, mais parce qu'il espérait y trouver les clefs permettant une juste compréhension de ceux-ci. Son projet n'est pas de reléguer la psychologie de la connaissance au profit de la logique mais plutôt d'opérer un renversement méthodologique : au lieu d'aller de l'étude des processus mentaux à celle de leurs produits objectifs, au lieu de chercher à déduire les propriétés des objets intellectuels à partir des processus psychiques qui les engendrent, la démarche poppérienne propose au contraire de soumettre l'étude du psychisme aux enseignements de la logique, bref de soumettre l'étude de l'esprit et de son fonctionnement à celle de ses produits symboliques objectivés (on sait que la « logique », pour Popper comme pour les logiciens viennois des années 1920, ne désigne pas l'étude des lois de la pensée subjective mais l'analyse des propriétés structurelles des propositions, des pensées linguistiquement formulées). Une telle méthode, selon Popper, s'impose en raison même de l'obligation propre aux sciences empiriques d'aller de l'étude des effets (les productions achevées et leur structure) à celle de leurs causes (les mécanismes producteurs) : « l'étude des produits est beaucoup plus importante que l'étude de la production, même pour la compréhension de la production et de ses méthodes (...) Contrairement à l'impression première, nous pouvons en apprendre davantage sur le comportement des producteurs en étudiant les produits eux-mêmes, que nous ne pouvons en apprendre sur les produits en

[33] *QI*, p. 110.
[34] *QI*, p. 112.

étudiant le comportement des producteurs »[35]. Ainsi, en se consacrant à l'épistémologie, à l'étude des théories scientifiques et de leurs propriétés structurelles, l'auteur de la *Logique de la découverte scientifique* ne s'est-il pas tant détourné de l'objet même de la psychologie, l'étude de l'esprit humain, que de la méthode des psychologues, centrée sur l'observation du sujet et de ses états mentaux. Comme d'autres penseurs de la même époque (en particulier le psychologue soviétique Lev Vygotski), sa réflexion sur la psychologie des années 1930 l'a conduit à cette conclusion, dont le « principe de transposition » est l'expression méthodologique, que la réalité profonde du psychisme et de la pensée doit en définitive être cherchée, non dans la conscience, comme il l'avait cru initialement en suivant les théoriciens de la *Denkpsychologie*, mais dans l'univers objectif de ses productions symboliques (dans la « culture », dans ce qu'il appellera plus tard, en reprenant la formule hégélienne, « l'esprit objectif »). Le passage de la psychologie et de la pédagogie à la philosophie, par conséquent, correspond moins, dans la carrière de Popper, à une réorientation d'intérêt qu'à une nouvelle façon, indirecte et objectiviste, d'aborder des questions (celles de la nature de la pensée et du processus d'acquisition des connaissances) qui, dans le fond, restent identiques à celles qui préoccupaient dès l'origine l'étudiant de l'Institut pédagogique.

La critique philosophique de l'induction : la contradiction humienne

La critique que Popper propose de la philosophie humienne, dans *La logique de la découverte scientifique* en 1934 et dans d'autres écrits ultérieurs, constitue une application exemplaire du « principe de transposition » sur lequel repose cette nouvelle approche, logique et non plus psychologique, du problème de l'apprentissage. La pensée du philosophe écossais présente en effet, pour l'épistémologue, une particularité tout à fait remarquable. D'un côté la *psychologie* humienne, sa théorie de la formation de la croyance, apparaît comme l'une des expressions les plus manifestes de la théorie de l'esprit-seau ; de l'autre, cependant, c'est également chez Hume, mais cette fois-ci dans la *philosophie* humienne, dans sa critique logique de l'induction, que se trouvent justement, selon Popper, les arguments permettant de réfuter de façon décisive cette même théorie du seau. Bref, la pensée de Hume contient tout à la fois et l'une des formes les plus représentatives du mal et le principe de son remède. Aussi sa critique par Popper se présente-t-elle comme une critique *interne*, comme une tentative pour retourner, conformément au

[35] *CO*, p. 191.

« principe de transposition », les arguments du philosophe contre les conclusions du psychologue.

Pour comprendre la nature exacte de cette critique, commençons par rappeler la présentation que Popper donne lui-même de la position humienne. Le grand mérite de Hume, pour Popper, est d'avoir été le premier à distinguer clairement entre le problème logique et le problème psychologique de l'induction, c'est-à-dire entre la question épistémologique (*quid juris ?*) de savoir si nous sommes « justifiés à raisonner à partir de cas (répétés) dont nous avons l'expérience sur d'autres cas (les conclusions) dont nous n'avons pas l'expérience », et la question psychologique (*quid facti ?*) de savoir comment et pourquoi nous avons « des attentes dans lesquelles nous avons grande confiance »[36]. On sait que Hume, tout comme Popper, répond négativement à la première question : rien ne peut justifier rationnellement le passage d'un ensemble d'énoncés singuliers, si grand soit-il, à un énoncé théorique universel. Faire appel, pour légitimer l'inférence inductive, à l'existence d'un quelconque « principe d'induction » conduit nécessairement à un cercle vicieux : un tel principe (par ex. « la nature est uniforme » ou « les mêmes causes produisent les mêmes effets » etc.) n'étant pas une vérité simplement analytique (une tautologie), celui-ci devrait lui-même être justifié au moyen d'une induction, c'est-à-dire au moyen de l'inférence dont il prétend précisément fournir lui-même la justification[37]. Tout en concluant ainsi à l'impossibilité logique de l'induction, l'auteur de *l'Enquête sur l'entendement humain* n'en tient pas moins celle-ci pour un *fait* psychologique indiscutable. Aussi se voit-il contraint, pour en rendre compte, d'attribuer à l'esprit une tendance irrépressible, inscrite dans la « nature humaine », à transformer en relations nécessaires, devant se reproduire dans l'avenir, les conjonctions répétées d'événements constatés dans le passé. Autrement dit, bien que la répétition d'une expérience ne puisse, d'un point de vue logique, en aucune façon *justifier* la vérité d'une loi universelle, elle aurait néanmoins comme *effet* psychologique nécessaire de nous forcer à *croire*, par le jeu de l'accoutumance et de l'association d'idées, à l'existence de régularités naturelles. Cette position conduit, conclut Popper, à cette conséquence désastreuse que la connaissance humaine repose dans sa totalité sur un processus de nature fondamentalement irrationnelle : « parvenu à ce résultat que la répétition, tout en dominant notre vie cognitive ou notre 'entendement' n'a aucune espèce de pouvoir en tant qu'argument, il [Hume] en vint à conclure que l'argumentation ou la raison ne jouent qu'un rôle mineur dans notre entendement. Notre 'connaissance' ôte son masque : il s'agit non

[36] *CO*, p. 43.
[37] *Cf.* Karl Popper, *La Logique de la découverte scientifique*, traduction par N. Thyssen-Rutten et P. Devaux, Payot, Paris, 1973 (à partir de maintenant désigné par *LDS*), p. 24.

seulement d'une croyance, mais d'une croyance indéfendable d'un point de vue rationnel – d'une *foi irrationnelle* »[38].

Cet irrationalisme de Hume ne doit pas être combattu, comme l'ont cru Kant ou Russell, par des tentatives plus ou moins « ingénieuses » pour contourner ses objections quant à la validité logique de l'inférence inductive et parvenir à fonder coûte que coûte un prétendu « principe d'induction » (par ex., comme chez Kant, en faisant de ce principe un « principe synthétique *a priori* »). La démarche adoptée par Popper est rigoureusement inverse : l'erreur de Hume à ses yeux ne consiste pas à avoir critiqué l'induction, mais au contraire à ne pas avoir poussé cette critique assez loin, à ne pas avoir vu que ses arguments à l'encontre de la validité logique de l'induction pouvaient *aussi* s'appliquer à la réalité psychologique des procédures inductives. Si l'esprit humain ne fonctionne pas de façon irrationnelle, contrairement à ce qu'affirme Hume, ce n'est donc pas parce que les inférences inductives seraient elles-mêmes rationnelles, mais parce qu'il n'induit tout simplement pas, parce que, comme dit Popper, « l'induction n'existe pas ». Considérons en effet l'explication humienne de la formation des habitudes et des croyances. Cette théorie, dont la notion centrale « est *la répétition fondée sur la similitude* (ou la 'ressemblance') » est « moins révolutionnaire que Hume le croyait »[39], estime Popper. Bien loin d'être aussi profonde et originale que sa critique de l'induction, la théorie humienne de la croyance ne fait selon lui que reprendre les conceptions naïvement réalistes de la « psychologie commune »[40], c'est-à-dire de la théorie de l'esprit-seau. Ainsi Hume, tout au long de son analyse, considère-t-il ce phénomène de répétition, « de façon très peu critique »[41] comme une réalité en soi, indépendante du sujet. Tout aussi réaliste et naïve est la façon dont il conçoit son action sur l'esprit, comprise à la manière d'une causalité physique (analogue à l'action d'une « goutte d'eau creusant la pierre »[42]). Une explication authentiquement psychologique, au contraire, doit prendre en compte le point de vue du sujet ou de l'organisme et « substituer à la représentation naïve d'événements présentant *effectivement* des similitudes celle d'événements auxquels nous *réagissons* en les interprétant comme semblables »[43]. Or cette nouvelle façon de poser le problème, débarrassée du réalisme simpliste du sens commun, ruine totalement l'explication humienne de la formation de nos croyances : pour que deux événements soient perçus

---

[38] *CO*, p. 44.

[39] Karl Popper, *Conjectures et réfutations, la croisssance du savoir scientifique*, traduction de Michelle-Irène et Marc Launay, Payot, Paris (à partir de maintenant désigné par *CR*), p. 74.

[40] *CR*, p.74.

[41] *CR*, p.76.

[42] *CR*, p.76.

[43] *CR*, p.77.

par nous comme identiques, pour qu'ils puissent être compris comme constituant une répétition, il faut préalablement que nous disposions *déjà* d'une attente qui nous rende attentifs à ce qui en eux est semblable et nous fasse négliger leurs différences. Dès lors, si la répétition présuppose l'attente, on ne peut sans tomber inévitablement dans un cercle vicieux ou une régression à l'infini en faire l'origine de nos croyances et de nos attentes : « la théorie psychologique de l'induction produite par Hume conduit à une régression à l'infini, analogue précisément à cette autre qu'il avait lui-même mise en évidence et dont il s'était servi pour ruiner la théorie logique de l'induction »[44]. La psychologie humienne se trouve donc réfutée par un argument lui-même issu de la critique humienne, philosophique et logique, de l'induction. Par cette critique interne de Hume, Popper prétend ainsi accomplir l'intention profonde du philosophe écossais, dénouer la contradiction qui a paradoxalement conduit « l'un des esprits les plus rationnels qui aient jamais existé »[45] à supposer une nature humaine irrationnelle, irrépressiblement portée à accomplir une opération, l'induction, pourtant dépourvue de tout fondement logique. La seule conclusion réellement conforme aux analyses humiennes est que « l'induction (ou la logique inductive, ou le comportement inductif, ou encore l'apprentissage par induction, par répétition ou par instruction) »[46] sont non seulement logiquement, mais encore psychologiquement impossibles (ou plus exactement psychologiquement impossibles *parce que* logiquement impossibles) : ces prétendus « faits » psychologiques ou biologiques sont tout simplement dépourvus de réalité.

Le « mythe » de l'apprentissage par induction

Cette critique logique de l'inductivisme, application directe du « principe de transposition », radicalise les conclusions de la *Denkpsychologie* dont s'inspirent, nous l'avons vu, les premières recherches de Popper. Les psychologues de l'Ecole de Würzburg, en effet, ne nient pas l'existence, au niveau biologique élémentaire, de mécanismes associatifs et inductifs. Ce qu'ils refusent, c'est la possibilité de dériver, par voie de complexification, les fonctions psychiques supérieures (« la pensée »), caractéristiques de l'esprit humain, de ces processus primitifs, comme prétendent le faire par exemple le behaviorisme ou la réflexologie pavlovienne. L'analyse poppérienne qui vient d'être résumée aboutit à cette conclusion différente et autrement plus radicale

[44] *CR*, p.77.
[45] *CO*, p. 44.
[46] *QI*, p. 47.

que l'induction ou l'apprentissage par répétition, y compris dans les comportements les plus élémentaires, par exemple dans la conduite animale, « n'existent pas ». Le fameux chien de Pavlov, selon Popper, n'a pas modifié sa conduite sous l'effet d'un quelconque processus de conditionnement suscité par la répétition de l'enchaînement sonnerie-nourriture. Cette explication mécaniste se heurte, comme précédemment la théorie humienne de l'habitude, au fait que le chien ne peut percevoir cet enchaînement comme une répétition que s'il s'attend *déjà* à ce que la sonnerie soit suivie de la nourriture. Aussi la modification comportementale ne peut-elle logiquement avoir son principe que dans l'animal lui-même : elle résulte de ce que celui-ci, naturellement intéressé comme tout être vivant par la recherche de sa nourriture, a librement produit une hypothèse (sous forme de comportement) quant à la manière de se la procurer (« l'hypothèse selon laquelle la nourriture apparaît lorsque retentit la sonnerie »[47]). L'acquisition de la nouvelle conduite est donc l'effet d'un effort « d'invention et de création »[48] pour résoudre un problème vital, et non le résultat d'un quelconque modelage extérieur du comportement. Le rôle de la répétition dans le processus, bien compris, est identique chez l'homme et chez n'animal : il n'est pas de produire de nouvelles dispositions à réagir, de nouvelles attentes, mais seulement de les transformer, une fois acquises, en « automatismes inconscients et figés »[49]. Aucun apprentissage, fût-il le plus élémentaire et le plus modeste, n'est assimilable à la formation mécanique, par l'action répétée de causes extérieures, d'une quelconque empreinte. Ainsi le défaut des psychologies associationnistes et des théories pédagogiques qui en découlent n'est-il pas seulement d'avoir voulu réduire l'ensemble des apprentissages à un mécanisme d'association de type inductif. Leur erreur la plus grave est d'abord d'avoir cru à la réalité empirique même de l'induction et de l'apprentissage par répétition, d'avoir admis de façon non critique comme un fait mental primitif et indiscutable ce qui n'est en définitive, pour Popper, qu'un mythe tenace du sens commun.

La critique de la théorie du seau, dans sa version philosophique définitive, présente par ailleurs des conséquences qui ne s'accordent pas toujours aisément avec les thèses de la « pédagogie du travail » auxquelles souscrivait initialement le jeune Popper. Les attaques des réformateurs, nous l'avons vu, sont essentiellement dirigées contre les pratiques traditionnelles d'enseignement de la *Lernschule*, qui identifient l'acquisition des connaissances par l'élève à un processus d'enregistrement passif, assimilable à la formation d'une empreinte physique par répétition mécanique. Aussi les

---

[47] *RS*, p. 64.
[48] *RS*, p. 65.
[49] *RS*, p. 64.

partisans des « pédagogies actives », tels Burger, s'en prennent-t-ils ordinairement à une conception qu'on pourrait dire naïvement « instructionniste », identifiant l'apprentissage à une réception passive d'informations, et non à proprement parler à des théories de type inductiviste. La conception inductiviste de l'apprentissage en effet n'implique nullement la passivité du sujet connaissant. Au contraire, l'induction désigne justement une *opération* mentale, c'est-à-dire un acte psychologique dont le sujet est l'auteur. Si un tel acte s'avère nécessaire, c'est précisément que la connaissance n'est pas supposée immédiatement disponible dans le donné, qu'elle ne peut être acquise par simple voie d'instruction, mais requiert la participation active du sujet connaissant. Qu'il ne faille pas confondre inductivisme et conception passive, instructionniste, de l'apprentissage, c'est d'ailleurs ce que montrent clairement les préceptes pédagogiques des réformateurs qui prônent justement comme méthode privilégiée d'acquisition des connaissances, contre les méthodes traditionnelles, la démarche inductive. L'élève, disent ordinairement les pédagogues « progressistes » (ceux des années 1920 mais apparemment aussi ceux d'aujourd'hui), ne doit pas recevoir un savoir tout constitué, il doit le produire lui-même à partir de son expérience vécue dont il l'extrait activement par induction. Ainsi, en s'en prenant à l'induction, en la réduisant à un « mythe », la critique poppérienne s'attaque-t-elle à la démarche d'apprentissage que la plupart des pédagogies dites « actives » proposent comme solution alternative aux méthodes traditionnelles d'enseignement. Popper, sur ce point, se montre rétrospectivement conscient, en 1970, de son opposition aux thèses des réformateurs : « cette théorie psychologique mais aussi logique [*i.e.* la critique de l'induction] était opposée à certaines théories qui étaient alors acceptées par les réformateurs. On supposait alors, par exemple, que les élèves, en cours de chimie, pouvaient et devaient acquérir (*erwerben*) par eux-mêmes, au moyen de certaines expériences classiques (Lavoisier), la théorie de la combustion comme oxydation. Au contraire, il était clair, selon ma théorie de la connaissance, *que cela n'est pas possible.* Quand cela paraît être le cas, il faut alors que soit intervenue une suggestion (inconsciente) du professeur : *on ne peut tirer les théories à partir des expériences* ; les théories ne peuvent être qu'*inventées* (*erfunden*) (par les plus grands chimistes – très rarement par les élèves !), et les expériences comme celles de Lavoisier peuvent dans le meilleur des cas jouer le rôle *de tests pour des théories déjà existantes* »[50]. « En résumé, conclut Popper, je dirais que je suis toujours resté en tant que professeur un réformateur, mais un réformateur qui insiste sur le rôle de la

[50] « *Einige Bemerkungen über die Wiener Schulreform und ihr Einfluss auf mich* (1970) », *FS*, p. 502.

pensée critique par opposition au rôle de l'intuition, de la perception et de l'expérience »[51].

La première version, seulement psychologique, de la critique de l'esprit-seau se bornait à insister sur l'activité du sujet dans le processus d'acquisition des connaissances. Aussi s'accordait-elle sans problème avec l'engagement du jeune Popper dans le mouvement réformateur. La version philosophique de cette critique, telle qu'elle apparaît dans l'œuvre de la maturité, va plus loin et dit autre chose. Son originalité ne tient pas à ce qu'elle affirme l'activité de l'esprit mais, nous venons de le voir, à la façon dont elle conçoit cette activité et à la thèse selon laquelle celle-ci ne peut être de nature inductive. De là l'impossibilité de la rattacher aux idées réformatrices de la « pédagogie du travail » et, plus généralement, la difficulté de lui donner une traduction pédagogique immédiate. N'étant conforme ni aux idées traditionalistes, par l'affirmation de l'activité du sujet dans l'apprentissage, ni au point de vue habituel des pédagogies dites « nouvelles », par son rejet de l'induction, la critique poppérienne de la *bucket theory of the mind*, dans sa forme philosophique, ne présente pas une signification éducative qui entre dans les oppositions toute constituées du débat pédagogique. L'étude des autres dimensions que cette critique acquiert progressivement au cours de l'évolution de la philosophie poppérienne confirme, nous allons le voir, cette conclusion.

---

[51] *FS*, p. 503.

Chapitre 2

La conception subjectiviste de la connaissance subjective

Le subjectivisme

Les textes consacrés à la théorie de l'esprit-seau, dans l'œuvre poppérienne de la maturité, ne se bornent pas à prolonger et à approfondir la critique, déjà entamée à l'Institut pédagogique de Vienne, des diverses conceptions, psychologiques ou philosophiques, qui assimilent l'apprentissage à une réception passive d'informations. A travers cette image du « seau », Popper s'en prend également, surtout à partir des années 1960, à d'autres préjugés épistémologiques que ses premiers travaux de psychologue n'avaient quant à eux aucunement songé à questionner.

Les erreurs du sens commun en effet ne concernent pas seulement le processus d'acquisition des connaissances, qu'il assimile naïvement à une induction, mais également la nature même de la connaissance. Pour la théorie de l'esprit-seau, « la connaissance est, d'abord et avant tout, en nous »[52] ; elle s'identifie à la présence dans le « seau » de certaines « idées, impressions, sensations »[53]. C'est dire que le sens commun ignore la différence entre la connaissance subjective (la connaissance comme état psychologique) et la connaissance objective (la connaissance comme réalité extra mentale, déposée dans les textes écrits, les théories explicitement formulées), qu'il réduit à la première. Bien évidemment, le sens commun ne nie pas l'existence des livres et des bibliothèques, mais les productions symboliques (écrits, œuvres en tout genre) sont perçues par lui comme de simples expressions, de simples enregistrements matériels des états internes du sujet (cette réduction du langage à un moyen d'expression définit ce que Popper appelle la « conception expressionniste du langage », *cf. infra* partie II, chap. 3). Elles ne possèdent à ses yeux aucune réalité, aucune propriété logique autonome pouvant être considérée indépendamment des phénomènes psychologiques qui les accompagnent dans la conscience. Ainsi un livre, abstraction faite de la pensée de son auteur ou de son lecteur, ne serait-il rien d'autre qu'un objet physique parmi d'autres, fait d'encre et de papier.

---

[52] *CO*, p. 121.
[53] *CO*, p. 121.

Cette épistémologie subjectiviste, en provenance du sens commun, se retrouve sous une forme implicite dans toutes les théories qui identifient la connaissance à un certain état de conscience du sujet, à une certaine forme de croyance (indubitable, fondée, rationnelle etc.), c'est-à-dire en définitive dans presque toutes les philosophies classiques de la connaissance. D'où le reproche que leur adresse Popper d'être tout simplement « hors-sujet » lorsqu'elles prétendent parler de la connaissance scientifique, qui n'est justement pas une connaissance au sens subjectif du terme, un ensemble d'états psychologiques, mais un ensemble de propositions, de théories explicitement formulées, c'est-à-dire une connaissance au sens « objectif » du terme. La psychologie scientifique, quant à elle, n'est pas non plus à l'abri des préjugés subjectivistes du sens commun. Le psychologue y succombe toutes les fois qu'il confond l'analyse des processus mentaux par lesquels nous nous représentons un objet théorique (par exemple un nombre) avec l'analyse de cet objet lui-même, toutes les fois qu'il prétend dériver ses propriétés logiques d'une étude de sa genèse psychologique, passant ainsi de la psychologie proprement dite au « psychologisme ».

Ces dérives, enfin, menacent également la pensée de l'éducation. Toutefois, contrairement aux préjugés touchant le rôle de la répétition dans l'apprentissage, qui se rencontrent principalement du côté des pédagogies traditionnelles, cet autre aspect de la théorie du seau affecte également, quant à lui, les conceptions progressistes de l'enseignement. Il arrive souvent en effet que l'affirmation du caractère actif de l'apprentissage s'accompagne, chez les partisans des pédagogies nouvelles, de l'idée selon laquelle les objets théoriques ne préexistent pas à l'activité psychologique par laquelle le sujet les saisit, qu'ils n'ont pour ainsi dire pas de réalité extra mentale autonome. Les théoriciens de l'Ecole du travail qui privilégient unanimement, comme mode d'apprentissage, l'expérience subjective, vécue et personnelle, de l'élève, n'échappent pas à cette tendance. Celle-ci, de même, se manifeste encore chez de nombreux pédagogues contemporains, particulièrement chez les auteurs se réclamant du « constructivisme » piagétien. L'une des thèses les plus unanimement admises dans la littérature pédagogique issue de ce courant est en effet qu'il n'y a pas de savoir « en soi », que le savoir « n'existe que parce qu'il est reconstruit » dans l'esprit d'un sujet[54]. De nombreux didacticiens ralliés à ce point de vue semblent ainsi s'exprimer comme si les objets intellectuels, théories et concepts, n'étaient finalement que des témoins, des résidus (la simple « formalisation théorique » comme dit J. P. Astolfi[55]) des actes mentaux et des opérations psychologiques qui les ont engendrés.

---

[54] Philippe Meirieu, *Apprendre... oui mais comment*, ESF, 1987, p. 79.
[55] Jean Pierre Astolfi, *L'école pour apprendre*, ESF, Paris, 1992, p. 99.

La priorité de la connaissance objective sur la connaissance subjective

Selon ce point de vue le savoir subjectif, consistant dans un certain état mental du sujet, précède nécessairement le savoir objectif, déposé dans les livres et les bibliothèques, qui n'en est que la traduction symboliquement codée. En ce qui concerne la théorie de l'apprentissage, une telle position conduit inévitablement à faire de l'« expérience personnelle » (intellectuelle ou sensible) le mode primitif et privilégié d'acquisition des connaissances[56]. Sans doute le sens commun reconnaît-il que certaines connaissances, parmi les connaissances qui sont dites « miennes », ont une autre origine, qu'elles proviennent de l'assimilation d'un « élément de connaissance objective », par exemple de la lecture d'un livre ou de l'écoute d'un cours. Ces connaissances, toutefois, sont le plus souvent supposées avoir, par rapport aux connaissances issues d'une expérience subjective, vécue, le statut inférieur de choses mal connues, imparfaitement sues du sujet. L'influence de ces idées, une fois encore, est particulièrement sensible dans la pensée de l'éducation. Elles inspirent tous les pédagogues qui, de Rousseau jusqu'aux apôtres contemporains de la « mise en situation », considèrent que l'élève ne peut s'approprier pleinement un savoir que s'il l'acquiert sur le mode de l'expérience personnelle, authentiquement vécue, et dévaluent corrélativement le langage, écrit ou oral, comme moyen de transmission des connaissances (on doit à Rousseau, comme on sait, quelques formules célèbres particulièrement représentatives de ce point de vue : « un enfant qui lit ne pense pas, il ne fait que lire. Il ne s'instruit pas il apprend des mots… », « Je hais les livres, ils n'apprennent qu'à parler de ce qu'on ne sait pas » etc.) De là ces robinsonnades éducatives où l'on attend de l'élève qu'il reconstruise le savoir à partir de son expérience vécue, comme s'il venait à naître dans un monde sans connaissance objective, sans livres ni œuvres de l'esprit[57]. La pédagogie, selon ce point de vue, peut être comprise comme la tentative de conformer le cheminement de l'élève dans le savoir au parcours supposé « naturel » qui va de l'expérience personnelle, du savoir subjectif, à son objectivation symbolique, au savoir « objectif », en lui évitant autant que possible le parcours inverse. Si celui-ci s'avère parfois nécessaire, pense-t-on, c'est seulement en raison des contraintes factuelles (en particulier temporelles) qui

---

[56] *RS*, p. 112.

[57] La situation décrite dans la nouvelle de Borges *La bibliothèque de Babel* représente l'exact opposé de ces utopies éducatives : celle d'un univers-bibliothèque où il n'y aurait pas d'autre accès à la connaissance que les livres, pas d'autre moyen d'acquérir une connaissance subjective que de déchiffrer un élément de connaissance objective. La fiction borgésienne, à sa façon, traduit une conception du sujet et de son rapport au monde qui n'est pas éloignée de celle que propose Popper.

obligent à « transmettre », à « donner », ce qui devrait toujours en droit être le produit d'une expérience personnelle de l'élève.

La critique poppérienne du point de vue subjectiviste consiste à inverser radicalement cette prétendue priorité du savoir subjectif sur le savoir objectif. A soutenir que, contrairement à ce qu'affirme le sens commun, c'est le savoir objectif qui précède et conditionne le savoir subjectif et non l'inverse. Pour établir cette thèse à première vue paradoxale, Popper souligne tout d'abord qu'il y a des exemples évidents et indiscutables de savoirs objectifs qui n'ont pas été précédés d'un quelconque savoir subjectif dont ils ne seraient que la traduction symbolique. Ainsi par exemple d'une table de logarithmes générée automatiquement par une machine. Celle-ci contient un ensemble de théorèmes mathématiques, susceptibles d'être compris et assimilés par un sujet, qui pourtant n'ont été préalablement pensés par personne[58]. La même analyse, en dépit des apparences, vaut aussi pour les théories créées par l'homme. Le calcul infinitésimal, en particulier, offre l'exemple frappant d'une théorie dont les inventeurs (Leibniz, Newton et leurs continuateurs, Varignon, l'Hôpital etc.) ont progressivement compris la signification et le fonctionnement alors même qu'ils l'avaient déjà formulée et utilisée. La compréhension psychologique et subjective de la théorie, une fois encore, a suivi et non précédé son existence objective. Ce cas, enfin, peut être étendu à toutes les connaissances scientifiques et à toutes les productions symboliques, même lorsque leur invention semble avoir été précédée d'un travail approfondi de conception. La signification logique et objective d'une théorie, en effet, ne coïncide jamais avec la signification psychologique qu'elle possède antérieurement à sa formulation dans l'esprit de l'inventeur (Popper cite, comme exemple fameux de ce décalage, le cas de Kepler qui croyait étudier la musique des sphères alors qu'il théorisait la mécanique des systèmes à deux corps, ou encore celui de Schrödinger qui n'a jamais compris ce que signifiait sa fameuse équation d'onde). Dès lors qu'elle est formulée, une théorie échappe à son producteur, acquiert un sens public objectif qu'il lui faut découvrir à la façon d'une réalité étrangère (ce qui fait dire à Popper qu'au sens strict, « nous ne savons jamais de quoi nous parlons »). Ainsi la dynamique du savoir n'est-elle en aucune façon un processus d'expression, d'extériorisation de la connaissance subjective en connaissance objective. Il s'agit bien plutôt d'un parcours inverse au cours duquel la présence d'un savoir objectivé devance toujours l'apparition de la connaissance subjective que nous en prenons par la suite.

---

[58] *RS*, p. 112.

Les mêmes conclusions découlent d'une analyse de la connaissance subjective. La conception subjectiviste de la connaissance, la réduction du savoir à ce qui est su par un sujet, en effet, sont contredites par notre expérience spontanée et ordinaire de notre propre savoir subjectif. Elle s'avère incompatible, en particulier, avec la façon dont nous en percevons les limites. Comme tout homme, remarque Popper, j'ai conscience « que la connaissance scientifique n'est aucunement *ma* connaissance, *mon* savoir. Car il se trouve que je sais combien peu je sais, et que des milliers de choses qui sont 'connues de la science' ne le sont pas de moi, quoique j'aimerais énormément les connaître. Pour moi (comme j'imagine pour tout *sujet*), ce seul fait devrait conduire au rejet de toute théorie subjectiviste »[59]. La conscience spontanée que j'ai de mon ignorance, en d'autres termes, ne se constitue pas par contraste avec ce qui est objectivement ignoré, comme si je venais au jour dans un monde sans savoir, mais avec ce qui est déjà objectivement su. Ordinairement, c'est moins la pensée de l'infinité de l'univers que celle des livres et des bibliothèques, de la multitude insondable des savoirs qui s'y trouvent déposés, qui me donne la mesure de mon ignorance et suscite mon désir d'apprendre. Ainsi notre rapport immédiat au savoir (notre « savoir spontané du savoir » pour ainsi dire) implique-t-il, selon Popper, la conscience d'une antériorité constitutive du savoir objectif sur le savoir subjectif.

L'épistémologie subjectiviste du sens commun, enfin, se heurte à une objection majeure : à savoir que cette prétendue connaissance totalement subjective présentée comme le modèle d'une connaissance réellement sue par le sujet, comme la seule connaissance qui mériterait vraiment d'être appelée « mienne », « n'existe tout simplement pas »[60]. Il s'agit, comme tout à l'heure de l'induction, d'un mythe psychologique. « Les quelques éléments de connaissance scientifique et de connaissance de sens commun que je me trouve détenir », en effet, ne sont pas « entièrement le produit de ma propre expérience », mais le résultat « de l'assimilation de certaines traditions (par exemple grâce à la lecture de certains ouvrages), en partie consciente, en partie inconsciente »[61]. Les seules connaissances qui pourraient se rapprocher un tant soit peu de l'idéal proposé par la théorie subjectiviste sont les connaissances qu'on peut appeler purement « personnelles », comme savoir où chercher son encrier, la porte de sa chambre ou le chemin de la gare[62]. Ces connaissances, quoique liées à notre expérience individuelle, ne sont pourtant pas, elles non plus, totalement subjectives : elles sont « noyée[s] dans la

---

[59] *RS*, p. 112.
[60] *CO*, p. 136.
[61] *RS*, p. 112.
[62] *RS*, p. 113.

connaissance commune d'objets relevant de traditions »[63], tels que l'encrier, la porte ou la gare. A ces arguments, enfin, s'ajoute le fait que la plus élémentaire de nos perceptions suppose l'existence de connaissances innées, génétiquement incorporées. Bref, toutes « mes » connaissances sont étroitement dépendantes d'un savoir que je n'ai pas acquis au moyen de ma propre expérience vécue, d'un savoir « objectif » au sens où il n'est pas supporté par un quelconque sujet mais par des livres et des traditions ou, au niveau simplement biologique, par le code génétique. « Mon savoir », pourrait-on dire, présuppose toujours l'existence « du savoir », au sens objectif et impersonnel du terme.

Notre situation épistémique est telle, par conséquent, que toutes nos connaissances (et même, nous le verrons bientôt, notre subjectivité, notre « moi » lui-même - *cf. infra* partie II, chap. 4) ont pour condition l'existence d'un savoir dont aucun sujet psychologique n'est le porteur, l'existence d'un savoir « objectif » au sens poppérien du terme. Contrairement à ce que soutient le sens commun, c'est donc bien le savoir impersonnel implanté dans les bibliothèques, les traditions et les usages (c'est-à-dire ce qu'on appelle parfois la « culture », « l'esprit objectif ») qui devance et conditionne les connaissances que possède le sujet et non l'inverse. Ce qui ne veut pas dire, soulignons-le, que nos idées et notre moi ne seraient en définitive que le reflet passif de cet univers objectif, symbolique et social, mais que nous ne produisons jamais nos connaissances subjectives qu'en interagissant avec un monde de significations déjà là, en l'assimilant (consciemment ou pas), en nous efforçant de le déchiffrer, parfois en le critiquant et en cherchant à le transformer. La critique poppérienne du subjectivisme, on le voit, n'impose aucunement de revenir sur l'affirmation du caractère actif du sujet dans la connaissance (*cf.* chapitre précédent). Elle nous invite en revanche à ne pas confondre cette activité avec une forme d'autosuffisance, de capacité du sujet individuel à être l'origine de son savoir.

Popper ne s'est pas interrogé sur la portée pédagogique de ces thèses, apparues assez tardivement dans sa philosophie à une période où ses écrits n'évoquent plus qu'allusivement les questions éducatives. Elles n'en possèdent pas moins des implications importantes pour la pensée de l'Ecole. Elles signifient, en particulier, que l'apprentissage humain est structurellement assimilation d'un savoir objectif déjà disponible et non production autonome de connaissances résultant d'une expérience personnelle. Ou, pour le dire autrement, que la condition épistémique du sujet est celle d'un « enseigné », qui ne doit jamais son savoir exclusivement à lui-même, et non à proprement

---

[63] *RS*, p. 113.

parler celle d'un « apprenant » autonome. Bref, que la situation « scolaire » de l'élève, à qui l'on demande d'assimiler un savoir déjà produit, et non d'être le producteur de son savoir, est celle du sujet humain en général. Aussi n'est-ce pas une nécessité factuelle, un simple « manque de temps » ou de moyens, qui nous obligent à acquérir notre savoir par interaction avec des connaissances objectives (lecture d'un ouvrage, assimilation d'un discours, imitation d'une tradition etc.) et non par expérience directe, mais une nécessité structurelle qui tient à la nature même du savoir. Il n'y a aucune raison, par conséquent, d'éviter par principe de mettre l'élève en présence de « produits intellectuels finis », de savoirs constitués, au profit de « situations » vécues, concrètes, supposées l'amener à élaborer par lui-même son propre savoir. Aucune raison de prendre comme modèle pédagogique idéal un mode d'apprentissage, l'expérience personnelle, qui « n'existe tout simplement pas », même à l'extérieur de l'école.

La critique de l'esprit-seau ne présente donc pas une signification pédagogique aussi univoque et facilement assignable que le laisseraient penser l'engagement initial du philosophe dans le mouvement de la réforme scolaire autrichienne ou, plus tard, ses déclarations à l'encontre des méthodes usuelles d'enseignement. S'il est vrai que les préjugés épistémologiques du sens commun se reflètent avant tout dans les pédagogies traditionnelles, ils n'épargnent pas non plus, on vient de le voir, certains courants du renouveau pédagogique. L'analyse poppérienne s'oppose autant aux positions autoritaires qui négligent l'activité du sujet dans l'apprentissage qu'aux versions naïvement naturalistes et psychologistes du progressisme qui confondent cette activité avec un processus d'auto-construction individuel et subjectif. La position de Popper, à cet égard, n'est pas sans analogie avec celle que développe de son côté Lev Vygotski dans les années 1930[64]. Comme le psychologue soviétique, le philosophe entend élaborer une théorie de l'apprentissage qui rende compte tout à la fois et du caractère actif du processus d'acquisition des connaissances et du fait que le sujet ne peut néanmoins se constituer qu'en rencontrant un univers social et symbolique, une culture objective, qui lui préexiste et dont il n'est aucunement l'auteur.

[64] *Cf.* Alain Firode, « Pensée et langage chez Karl Popper et Lev Vygotski », *Recherches en éducation*, n° hors-série, oct. 2011.

Chapitre 3

La conception subjectiviste de la connaissance objective

La connaissance objective n'est pas une « croyance justifiée »

L'épistémologie subjectiviste n'est pas seulement incapable de rendre compte de la connaissance subjective et du processus d'apprentissage, comme on vient de le voir. Elle échoue encore à penser correctement la nature de la connaissance objective scientifique, à la distinguer clairement de la connaissance subjective. Cette deuxième conséquence du préjugé subjectiviste, tout en étant moins directement liée que la précédente aux questions éducatives, n'en possède pas moins une portée pédagogique, dans la mesure où elle intervient dans la conception de la science que présupposent ordinairement la plupart des pratiques, traditionnelles ou pas, de l'enseignement scientifique.

L'assimilation subjectiviste de la connaissance à un « un état particulier de l'esprit »[65] devrait en effet logiquement conduire à rendre impossible toute distinction nette entre la simple opinion personnelle et le savoir, la connaissance « scientifique » universellement valable. D'où la nécessité pour le sens commun, lorsqu'il s'efforce de penser la science, de ne pas « être très cohérent avec son subjectivisme »[66] et d'introduire l'idée que la science n'est pas une simple croyance, mais une croyance « d'une espèce particulière », une croyance « justifiée », pour laquelle « nous exigeons que celui qui croit soit en possession de raisons suffisantes pour établir avec certitude que cette croyance est vraie »[67]. Un tel critère de la connaissance scientifique, commun à toutes les théories classiques de la connaissance, confond sans le savoir les deux registres de la connaissance subjective et de la connaissance objective. La croyance en effet désigne un certain état mental du sujet, un fait psychologique qui possède des *causes*, comme tout phénomène naturel, mais qui ne peut ni ne doit, en tant que tel, être justifié au moyen de *raisons*. Inversement, la recherche de raisons suffisantes, d'une justification objective, rigoureusement comprise, concerne exclusivement le domaine de la connaissance objective, celui des propositions explicitement formulées et non

[65] *CO*, p. 138.
[66] *CO*, p. 139.
[67] *CO*, p. 138.

celui des croyances du sujet. Un « élément de connaissance objective », par exemple une théorie physique, requiert certes d'être rationnellement justifié, au sens où il doit y avoir des raisons suffisantes, fondées sur l'examen de ses propriétés logiques intrinsèques, expliquant pourquoi cette théorie est *préférable* à d'autres théories concernant le même problème qui ont été éliminées par la *critique*. L'établissement de ces raisons, cependant, n'implique *rien* quant à la certitude ni même quant à la probabilité de la théorie en question. Les considérations touchant le degré de croyance qui s'attache à une connaissance objective, en tant qu'elles sont d'ordre exclusivement psychologique, sont étrangères aux questions épistémologiques proprement dites, qui relèvent de la seule logique. Aussi les philosophes ou les pédagogues qui caractérisent la connaissance scientifique par sa capacité à fournir des « preuves certaines » confondent-ils à la suite du sens commun l'objectif et le subjectif, la connaissance et la croyance, le logique et le mental.

« L'extrême faiblesse » de cette épistémologie est rendue manifeste selon Popper par l'incapacité où elle se trouve de justifier le caractère éminemment scientifique que nous attribuons ordinairement aux sciences expérimentales. La connaissance que nous apportent les sciences de la nature, en effet, est de nature irréductiblement conjecturale. La seule conclusion qui puisse honnêtement se tirer de l'analyse épistémologique des sciences expérimentales est qu'il « n'existe tout simplement pas de raisons suffisantes »[68] de tenir pour vraies et certaines les théories que produisent les physiciens ou les biologistes (même s'il existe bien évidemment des raisons critiques tout à fait objectives de les préférer à d'autres). Aucune connaissance parmi les savoirs que nous considérons comme exemplairement scientifiques et auxquels nous attachons socialement la plus grande valeur, par conséquent, ne satisfait au critère de scientificité retenu par l'épistémologie subjectiviste. De là le caractère paradigmatique que le sens commun et la philosophie classique attribuent ordinairement aux mathématiques. La « connaissance objective démontrable » (les mathématiques, la logique formelle) constitue en effet le seul domaine où il est effectivement possible de produire des raisons objectives de tenir pour certaine une proposition, le seul domaine par conséquent où la conception confuse et contradictoire de la connaissance comme « croyance subjective objectivement justifiée » peut trouver une forme de réalité. Aussi le privilège traditionnellement accordé aux mathématiques ne renvoie-t-il en fait à aucune supériorité réelle de la connaissance démonstrative sur la connaissance empirique. Du point de vue objectif, une proposition de physique ou un énoncé de biologie ne sont ni plus ni moins

[68] *CO*, p. 139.

rationnellement justifiés qu'un théorème de mathématique, même si leur justification n'est pas de nature démonstrative et qu'elle procède, de façon critique, par l'élimination des théories concurrentes. Si les philosophes et les pédagogues (*cf.* par ex. Alain) tiennent habituellement la démonstration pour un modèle de rationalité, c'est uniquement en raison de leur incapacité, héritée de l'épistémologie du sens commun, à distinguer clairement entre la justification rationnelle d'une proposition (qui peut prendre d'autres formes que la démonstration, comme on le voit dans les sciences de la nature) et la justification d'une croyance, d'un état mental. C'est ainsi que, paradoxalement, se trouvent érigées en modèle de la connaissance les propositions tautologiques qui, pourtant, ne nous apprennent rien.

Le mythe de l'évidence

Une fois reconnu qu'il n'existe pas, hormis dans le domaine restreint et vide des mathématiques, de « raisons suffisantes objectives » permettant de distinguer la science de la simple croyance, l'épistémologie subjectiviste n'a plus d'autres recours que de tenter d'établir cette distinction au sein même des croyances, sans sortir de l'univers subjectif. Ce qui la met inévitablement « dans la difficulté d'avoir à admettre quelque chose comme des raisons suffisantes subjectives ; à savoir des sortes d'expériences personnelles, ou de croyances, ou d'opinions qui, bien que subjectives, seraient vraies de manière certaine et infaillible, et pourraient donc passer pour de la connaissance »[69]. Cette notion hybride et confuse « d'expérience subjective ayant une valeur objective » se retrouve aussi bien dans les doctrines d'inspiration rationaliste, qui placent comme Descartes le critère de la croyance justifiée dans l'évidence intellectuelle, que dans les doctrines d'inspiration empiriste, qui situent au contraire celui-ci du côté de l'évidence sensible. A chaque fois, c'est le caractère en apparence absolument immédiat de ces expériences qui garantirait, pense-t-on, leur valeur objective : elles seraient indubitables en ce sens qu'elles fourniraient un pur donné, exclusif de tout élément théorique et conjectural.

Cette voie qu'empruntent toutes les philosophies de l'évidence, sensible ou intellectuelle, conduit pourtant, elle aussi, à l'échec. Selon Popper, en effet, il n'y a jamais de savoir absolument immédiat exactement pour les mêmes raisons qu'il n'y a jamais, nous l'avons vu, de savoir absolument subjectif : parce que toutes nos connaissances présupposent un savoir extérieur au sujet, un savoir *reçu*, dont la nature est nécessairement théorique et conjecturale.

[69] *CO*, p. 140.

Ainsi, par exemple, du fameux *cogito* cartésien. Bien loin d'être une donnée indubitable et immédiate de notre expérience intérieure, la conscience du moi résulte selon Popper, comme toutes nos connaissances, d'un processus d'apprentissage où intervient l'assimilation d'un « savoir objectif ». Enfants, « il nous faut apprendre que nous avons un moi, qui dure dans le temps et continue d'exister même pendant notre sommeil et l'inconscience totale »[70]. Ce qui n'a pu se faire sans que nous assimilions certaines théories, concernant la continuité de la vie psychique, objectivées dans les pratiques sociales et linguistiques de notre entourage (par exemple dans l'usage des noms propres ou dans celui de certains verbes, comme « dormir »). Bref, notre condition épistémique est telle que nous ne pouvons jamais attester personnellement de notre propre savoir (pas même celui de notre existence). A proprement parler nous ne *savons* rien et devons tout *apprendre.*

Ce n'est d'ailleurs pas seulement le caractère toujours médiat de la connaissance qui interdit de parler de connaissances absolument certaines, mais aussi la nature même de la certitude. L'épistémologie du sens commun, qui identifie la quête de la connaissance à la quête de la certitude, méconnaît en effet la nature essentiellement pratique et non théorique de la croyance. Le besoin de croire, d'être certain, tel que le conçoit Popper, n'est pas lié de façon essentielle au besoin de connaître mais uniquement à celui d'agir. S'il nous faut croire en certaines idées, c'est que nous avons besoin de bases *fiables* sur lesquelles nous pouvons *compter* dès lors que nous nous risquons à passer à l'action (« La croyance est semble-t-il un ingrédient nécessaire de l'action. L'homme est un animal agissant. Le théoricien, en tant que théoricien, peut s'en passer »[71]). Aussi le problème de la fiabilité, de la certitude qui s'attache à une thèse, ne se pose-t-il que pour un sujet aux prises avec une situation concrète particulière, de telle sorte qu'il est impossible selon Popper de séparer la question de savoir si une thèse est certaine de la considération des circonstances et de leurs enjeux. Serais-je réellement certain d'avoir cinq doigts à chaque main « si la vie de mon meilleur ami devait dépendre de la vérité de cette proposition » ? Ne me sentirais-je pas obligé, compte de tenu de l'importance de l'enjeu, de vérifier « que je n'ai pas perdu l'un ou l'autre de mes doigts miraculeusement »[72] ? Aucune idée n'est donc en elle-même absolument certaine, mais toujours relativement à « notre attente concernant ses conséquences possibles »[73]. Ainsi, identifier la quête de la connaissance à la quête de la certitude, comme le font le sens commun et les épistémologies traditionnelles, est-ce tout à la fois confondre le subjectif

---

[70] *CO*, p. 89.
[71] *RS*, p. 82.
[72] *CO*, p. 144.
[73] *CO*, p. 143.

avec l'objectif et le pratique avec le théorique. L'exigence d'un fondement, d'un point de départ assuré, n'est pas celle du chercheur, du sujet connaissant, mais uniquement celle du sujet engagé dans l'urgence de l'action. L'attitude spéculative, bien comprise, nous délivre du besoin de certitude.

L'analyse poppérienne nous invite donc, d'une manière générale, à réviser radicalement la conception habituellement reçue de la science. Contrairement à ce que prétend l'épistémologie subjectiviste du sens commun (partagée à la fois par les conservateurs et les réformateurs en matière d'enseignement), la connaissance scientifique n'est pas un ensemble de pensées, d'opinions ou de croyances dont la particularité serait d'être « fondées », « justifiées », appuyées sur des « preuves », mais un ensemble de *propositions* linguistiquement formulées, d'énoncés publiquement discutables et contrôlables. Sa vraie force, qui lui confère son universalité et son caractère transmissible, ne provient pas de ce qu'elle s'imposerait en vertu d'une certitude supérieure, plus « pure », mais de ce que ses procédures de validation sont totalement autonomes par rapport aux états psychologiques du sujet connaissant. On en conclura, pédagogiquement parlant, qu'introduire l'élève à la connaissance scientifique ne consiste pas, comme le soutiennent la plupart des conceptions, traditionnelles ou pas, de l'enseignement des sciences, à remplacer ses « fausses certitudes », ses « opinions naïves », par de « vraies certitudes », fondées et objectivement prouvées. L'accès au savoir scientifique, tel que le conçoit Popper, n'a rien d'une illumination, rien qui ressemble de près ou de loin à une quelconque ascension hors de la fameuse caverne platonicienne. La science, encore une fois, est un corpus d'objets symboliques, et non un ensemble de représentations, d'états mentaux. Son enseignement ne consiste donc pas à partir en croisade contre les préjugés, à faire triompher unilatéralement les idées « vraies » des idées « fausses », mais à faire comparer entre eux, sur la base de leurs propriétés logiques intrinsèques, certains systèmes de propositions, certaines théories en concurrence. Ainsi, faire entrer l'élève dans la pensée scientifique, selon ce point de vue, est-ce avant tout l'amener à évaluer les énoncés théoriques en fonction de ce que Popper appelle une « préférence critique », c'est-à-dire une préférence établie sur des critères logiques (tels que la plus ou moindre grande compatibilité de la théorie avec les énoncés de base, sa non contradiction, sa non hadocité etc.), indépendants, par conséquent, des états mentaux qui les accompagnent dans la conscience (tels que le sentiment de certitude, de conviction ou de compréhension intuitive que cette théorie procure). La théorie objectiviste de la science conduit, nous y reviendrons dans la seconde partie de cette étude (*cf. infra*, partie II, chap. 4), à une conception rigoureusement non dogmatique et non autoritaire de son enseignement, débarrassée de toute mythologie positiviste.

Chapitre 4

L'optimisme épistémologique

Le mythe des « facultés de connaissance »

Il est enfin un troisième et dernier aspect de « l'épistémologie du sens commun » dont la critique appartient elle aussi, comme la précédente, exclusivement à la période philosophique de Popper. L'épistémologie subjectiviste qui découle de la théorie de « l'esprit-seau » identifie, nous venons de le voir, la quête de la connaissance et la quête de la certitude. Par quoi elle est inévitablement conduite à ignorer la contingence de la connaissance, à penser que l'homme est naturellement destiné à connaître le réel (qu'il est doté de « facultés de connaissance ») et le réel naturellement offert à son esprit. Ainsi « la théorie de la connaissance du sens commun » tend-t-elle fatalement à nier ou à relativiser l'étrangeté réciproque du monde et de la pensée.

L'idée que l'homme est doté de « facultés de connaissance » (les orifices du « seau »), qu'il est naturellement destiné à connaître le réel, ces thèses issues de l'épistémologie du sens commun ont été adoptées, sans plus de recul critique que les précédentes, par la plupart des théories classiques de la connaissance. Qu'elles soient d'inspiration rationaliste ou empiriste, celles-ci confèrent toujours à nos connaissances une forme de nécessité. Elles postulent toutes que nous sommes par nature appelés à acquérir, au moyen des sens et/ou de la raison, un certain contenu déterminé de savoir. Elles présupposent, en d'autres termes, que ce que nous avons appris de l'expérience au cours de nos investigations *devait* être su un jour ou l'autre, que nous étions tôt ou tard appelés à en prendre connaissance. Prenons par exemple la mécanique newtonienne. Soit qu'on estime, comme Locke et probablement comme Newton lui-même, qu'elle résulte d'une induction (à partir de l'observation des phénomènes dynamiques élémentaires pour les trois « axiomes du mouvement » du livre I des *Principia*, à partir des lois de Kepler pour la loi de la gravitation du livre III), soit qu'on pense au contraire qu'elle est, au moins pour sa partie « pure », comme inscrite *a priori* dans les structures de notre appareil cognitif, comme chez Kant, on considère dans tous les cas que cette théorie possède en elle-même un caractère de nécessité, qu'elle devait forcément surgir « un jour ou l'autre » dans l'esprit des physiciens. Ces vues philosophiques s'accordent avec l'idée commune que la théorie de la gravitation constitue une « découverte » scientifique. Elles supposent que les lois newtoniennes préexistaient en quelque sorte à leur énonciation, qu'elles étaient déjà présentes dans le donné expérimental et/ou dans le donné des structures intellectuelles où elles attendaient pour ainsi dire que quelqu'un vienne à en prendre conscience et à les formuler. Ainsi, pour les philosophies classiques les leçons de l'expérience, quelles qu'elles soient, sont-elles toujours supposées être intégralement déterminées par le donné, à la fois subjectif et objectif : placé dans telle situation donnée un sujet doté de telles structures mentales données doit normalement en tirer tel contenu de savoir déterminé. Peu importe, en l'occurrence, la part respective que l'on attribue ici au sujet et à l'objet dans la formation de la connaissance. Peu importe que l'on considère que le sujet acquiert cette dernière par le jeu mécanique de l'induction, de la répétition et de l'association des idées, ou au contraire que l'on fasse de l'expérience un simple déclencheur, l'occasion d'activer une connaissance déjà installée dans l'esprit. Empirisme et rationalisme ne diffèrent que sur les façons d'expliquer le processus d'acquisition des connaissances, et non sur la nécessité qu'ils lui attribuent l'un et l'autre. Ce que nous avons appris, dans les deux cas, *devait être su*, en sorte que nous ne l'ignorions jamais absolument avant de l'avoir appris. Comme dans la théorie platonicienne de la réminiscence, qui selon Popper préfigure « non seulement l'intellectualisme cartésien, mais aussi les théories aristotélicienne et plus particulièrement baconienne de l'induction »[74], acquérir une connaissance, apprendre, ce n'est jamais aller de l'ignorance au savoir mais actualiser un savoir toujours *déjà su* en puissance et en droit, un savoir qui aurait pu et même *aurait dû* être toujours déjà acquis. Ces thèses, enfin, ne touchent pas seulement la question épistémologique de la production du savoir, mais aussi celle plus proprement pédagogique de l'assimilation par le sujet d'un savoir déjà produit. A l'optimisme épistémologique des philosophes qui font de la connaissance une situation de droit, « l'état naturel de l'homme »[75], répond l'optimisme pédagogique de tous ceux, enseignants ou pédagogues, qui estiment normal et prévisible qu'une fois les bonnes circonstances réalisées, l'élève se réapproprie sans peine le savoir qu'on lui présente (pédagogie « transmissive ») ou qu'on prétend lui faire réinventer (pédagogie « active »). Qu'il s'agisse de découvrir une nouvelle connaissance ou de s'approprier une connaissance déjà découverte, le processus d'accès à la connaissance est dans tous les cas supposé intrinsèquement nécessaire.

La critique de ces thèses consiste, comme toujours chez Popper, à opposer le sens commun à lui-même, à prendre le parti de « la théorie du monde du sens

[74] *CR*, p. 30.
[75] *CR*, p. 35.

commun »[76] contre « la théorie de la connaissance du sens commun ». Dans son rapport au monde, en effet, le sens commun est spontanément et « essentiellement réaliste »[77] (au sens où il affirme l'existence d'une réalité extérieure, indépendante du sujet). Or la conséquence du réalisme, en ce qui concerne la théorie de la connaissance, est que « notre situation épistémique est nécessairement précaire »[78]. « Si le réalisme est vrai, si nous sommes des animaux qui cherchons à nous adapter à notre environnement, alors (...) nous ne saurions nous attendre à posséder plus qu'une connaissance conjecturale, ni l'espérer : le miracle, c'est plutôt que nous ayons été assez heureux dans notre recherche d'hypothèses »[79]. La thèse réaliste, en d'autres termes, entraîne nécessairement l'affirmation du caractère tout à la fois incertain et contingent de notre connaissance. Si le réalisme est vrai, il faut en conclure qu'il n'y a pas de « facultés de connaissance », que nous ne sommes pas « faits pour » connaître le monde, que le succès de notre connaissance s'apparente à une sorte de « miracle », à un événement en lui-même dépourvu de toute nécessité. Ces conséquences tirées de la conception du monde du sens commun sont, on le voit, directement opposées aux thèses de « l'épistémologie du sens commun », laquelle est au contraire inévitablement amenée à soutenir une « forme d'idéalisme ». Tel est, selon Popper, le parcours paradoxal du sens commun « qui part du réalisme pour finir dans les marécages de l'idéalisme épistémologique »[80] et, finalement, se réfuter lui-même (avec l'aide du philosophe).

Le problème des « sources de l'ignorance » et la « théorie épistémologique du complot »

L'« optimisme épistémologique » du sens commun soulève en effet une difficulté majeure qui suffit à le disqualifier : si le processus d'acquisition des connaissances possède en lui-même une forme de nécessité, comment dès lors expliquer notre état naturel d'ignorance, comment expliquer que nous devions apprendre ce que nous savons et que cet apprentissage soit le plus souvent long et difficile ? Cette difficulté affecte en premier lieu les philosophies d'inspiration rationaliste qui admettent l'existence de connaissances *a priori*. Si, comme le pense par exemple Kant, la théorie newtonienne est inscrite *a priori* dans la structure catégoriale de l'entendement, « la pure science de la

[76] *CO*, p. 177.
[77] *RS*, p. 122.
[78] *RS*, p. 122.
[79] *RS*, p. 122.
[80] *CO*, p. 177.

nature n'est pas seulement possible ; elle devient sans que Kant en ait toujours conscience et contrairement à son intention, la résultante nécessaire de notre appareil mental »[81]. Il s'avère alors impossible, à moins de faire intervenir une hypothèse extérieure *ad hoc*, d'expliquer la progressivité de l'accès à la connaissance, la nécessité d'apprendre avant de savoir : une fois admise l'explication kantienne, remarque Popper, « le problème qui se pose n'est plus celui de savoir comment Newton a pu faire sa découverte, mais d'expliquer comment tous les autres savants ont pu ne pas la faire. Comment se fait-il que nos mécanismes d'assimilation n'aient pas fonctionné beaucoup plus tôt ? »[82]. A première vue, les épistémologies empiristes, par exemple lockienne ou baconienne, n'encourent pas le même reproche. Elles considèrent que les connaissances ne sont absolument pas anticipables par le sujet, que nous devons réellement les « apprendre », les recevoir de l'extérieur comme des éléments étrangers. Rien ne pouvant nous en instruire, sinon la rencontre toujours en partie fortuite avec le donné de l'expérience, il est compréhensible que nous ne les possédions pas nécessairement ni originellement et qu'il nous faille les apprendre peu à peu. Ces épistémologies, par conséquent, semblent plus aptes à rendre compte de la nécessité d'apprendre que les épistémologies rationalistes et innéistes qui présupposent le sujet déjà en possession d'un savoir que l'expérience ne fera que lui révéler. Les deux points de vue, selon Popper, ne sont pourtant pas aussi éloignés qu'il y paraît. Certes, l'empirisme explique, plus aisément que l'innéisme, que nos connaissances ne soient pas immédiatement disponibles en *l'absence de tout contact avec l'expérience* (puisqu'il n'est pas besoin pour cela de faire intervenir une hypothèse supplémentaire, comme par exemple l'oubli dans la théorie platonicienne de la réminiscence). En revanche, il lui est tout aussi difficile d'expliquer que l'acquisition d'une nouvelle connaissance *à partir d'une situation empirique donnée* soit le plus souvent longue et difficile (par ex. qu'il ait fallu du temps et des essais infructueux pour passer des trois lois de Kepler à la théorie newtonienne de l'attraction universelle). Pour l'empiriste comme pour le rationaliste, la contingence, dans le processus d'accès à la connaissance, ne concerne que la rencontre du sujet avec telle ou telle circonstance et non le fait qu'il *tire* de celle-ci (par induction ou par réminiscence, peu importe) un contenu déterminé de savoir. Tous les ratés, tous les délais qui retardent l'acquisition du savoir une fois que la situation l'a rendu potentiellement disponible sont par conséquent également inexplicables dans une hypothèse comme dans l'autre. Empirisme et rationalisme échouent à rendre ce qu'on peut appeler la difficulté d'apprendre, soit le caractère progressif, incertain et

[81] *CR*, p. 147.
[82] *CR*, p. 147.

faillible du processus par lequel nous acquérons du savoir au contact de l'expérience.

De là la nécessité pour ces « doctrines du caractère manifeste de la vérité », selon Popper, de faire intervenir des hypothèses auxiliaires *ad hoc*. Comment en effet expliquer « que nous tombions dans l'erreur dès lors que la vérité est manifeste », sinon en supposant « des influences pernicieuses qui ont perverti la pureté et l'innocence de notre esprit », des puissances qui « conspirent à nous maintenir dans cet état [d'ignorance], à contaminer notre esprit en y faisant pénétrer la fausseté ainsi qu'à nous aveugler pour nous empêcher de voir la vérité manifeste »[83] ? Telle est la fonction que Bacon ou Descartes assignent aux « préjugés » : « Ils ont ainsi scindé l'homme en deux et institué une instance supérieure – les observations pour Bacon, l'entendement pour Descartes –, et une instance inférieure. C'est la seconde qui forme notre moi commun, le vieil homme qui est en nous »[84]. Comme dans la théorie politique du complot, dont cette conception de l'erreur est la transposition épistémologique, le péril a toujours sa source dans un élément « impur » qui viendrait altérer un processus supposé en lui-même irréprochable. A chaque fois, l'accès au savoir doit donc passer par une purification, une *catharsis* dont la maïeutique socratique est le modèle primitif : « il s'agit, en éliminant les préjugés, de préparer l'esprit afin qu'il puisse reconnaître la vérité manifeste ou lire dans le livre de la Nature » [85].

Ces thèses, communes à toutes les philosophies qui instituent une coupure entre la connaissance scientifique (*épistémé*) et l'opinion (*doxa*), se retrouvent également dans les théories pédagogiques contemporaines sur l'erreur appuyées sur la notion bachelardienne « d'obstacle épistémologique ». Certes la philosophie de Bachelard rompt, comme celle de Popper, avec l'idée cartésienne d'une connaissance scientifique fondée sur des vérités premières, indiscutables et définitivement acquises. Toutefois, à la différence de l'épistémologie poppérienne, elle conserve de la philosophie classique ce qu'Alain Boyer appelle le « dogme du rationalisme », à savoir « la croyance en une rupture tranchée, essentielle et irréversible entre le sens commun et la Science »[86]. D'un côté l'opinion qui « a toujours tort », qui « ne pense pas », « érige des besoins en connaissance » ; de l'autre la connaissance authentique, forcément abstraite et contre intuitive, pur produit de « l'esprit scientifique » supposé animer les « travailleurs de la preuve ». Le maintien de cette différence hiérarchique entre une instance de connaissance supérieure (l'esprit

[83] *CR*, p. 23.
[84] *CR*. p. 37.
[85] *CR*, p. 34.
[86] Alain Boyer, *Introduction à la lecture de Karl Popper*, presse de l'ENS, Paris, 1994, p. 68.

scientifique) et une instance inférieure (l'opinion), héritée du rationalisme classique, fait que la théorie des « obstacles épistémologiques », en dépit de sa nouveauté, ne s'écarte pas sur l'essentiel des explications habituelles de l'erreur : on retombe une fois de plus, comme chez Bacon ou Descartes, sur l'idée que l'accès au savoir est contrarié par l'intervention d'un élément « impur », devant être « purgé », « déconstruit ». Conformément au « dogme rationaliste », c'est toujours en dernière analyse le « moi commun », le « vieil homme » qui est tenu comptable de nos égarements. Cette conception de l'erreur exclut d'emblée la possibilité que la difficulté réside dans le processus même d'accès à la connaissance, que l'invention d'un savoir nouveau (par le savant) ou la reconnaissance (par l'élève) d'un savoir déjà constitué soient *en elles-mêmes* problématiques et contingentes, *indépendamment de toute causalité perturbatrice*.

Remarquons, enfin, que l'antithèse de ces épistémologies optimistes, rationalistes ou empiristes, n'est pas à chercher du côté des épistémologies qu'on peut à l'inverse qualifier de « pessimistes ». Les doctrines sceptiques, comme celle de Hume, qui nient la possibilité de connaître la réalité du monde sont tout aussi incapables de penser la difficulté d'apprendre, d'acquérir du savoir, que les doctrines qui destinent par nature l'esprit à la connaissance du vrai. Qu'on estime rationnellement fondée l'induction par laquelle le sujet tire ses connaissances de l'expérience, comme Bacon ou Locke, ou au contraire, qu'on juge celle-ci dépourvue de toute justification logique et qu'on la fasse reposer, comme Hume, sur une tendance irrationnelle de la nature humaine à attribuer de la nécessité aux conjonctions répétées d'événements, ces différences de points de vue n'affectent en rien la certitude selon laquelle le contenu de notre savoir est nécessairement déterminé. Que Newton ait été conduit à la théorie de la gravitation par une nécessité logique ou qu'il y ait été amené par une nécessité purement subjective et psychologique, il reste, dans les deux cas, que la théorie de la gravitation *devait* être découverte. Le pessimisme épistémologique n'est en définitive que la version inversée de l'optimisme rationaliste (Popper remarque ainsi qu'un même philosophe, Platon, peut connaître une « évolution tragique » qui le conduise de l'un à l'autre, de l'optimisme du *Ménon* au pessimisme des *Lois*). Comme lui, il échoue à rendre compte de la contingence de nos connaissances, du caractère laborieux et incertain de nos apprentissages, bref de tout ce qui fait la faillibilité même de l'homme.

L'imprévisibilité constitutive du savoir et la difficulté d'apprendre

Toutes les épistémologies classiques, nous venons de le voir, font donc de l'apprentissage un processus au cours duquel le sujet, placé dans une situation donnée, est nécessairement amené, si des éléments perturbateurs n'interviennent pas, à acquérir un certain contenu de connaissance strictement déterminé. Les différences de point de vue qui séparent les divers courants de pensée (empirisme/rationaliste, dogmatisme/scepticisme) portent uniquement sur la nature (inductive ou pas, logique ou seulement psychologique) du processus, jamais sur sa nécessité supposée. C'est dire, d'une manière générale, que toutes les épistémologies traditionnelles tendent, comme l'avait fait originellement Platon par la théorie de la réminiscence, à nier la radicalité du passage de l'ignorance au savoir qu'implique l'idée commune d'apprentissage. A l'opposé, la pensée poppérienne nous impose de revenir au fameux dilemme du *Ménon* et d'envisager sérieusement l'hypothèse, *a priori* exclue par Socrate, selon laquelle nous ignorions totalement et réellement ce que par la suite nous avons appris. Aux conceptions précédemment évoquées qui tendent toujours à faire de la possession du savoir par le sujet une situation *de droit*, possèdant en elle-même une forme de nécessité, Popper oppose ainsi ce que contient notre usage courant du verbe « apprendre » : à savoir l'idée incontournable que celui qui apprend ne sait *absolument* pas ce qu'il va apprendre, que l'apprentissage est bien l'acquisition contingente d'un savoir totalement nouveau et imprévisible, et non l'actualisation d'un savoir toujours déjà su en puissance, déjà contenu potentiellement dans le donné (dans le donné objectif de l'expérience ou dans le donné subjectif de l'appareil mental, peu importe). Aucune épistémologie ne peut être satisfaisante qui ne rende compte de l'imprévisibilité intrinsèque du savoir[87].

La théorie poppérienne de la connaissance par « essais et erreurs », sur laquelle nous reviendrons bientôt de façon approfondie (*cf.* deuxième partie, chap. 1), peut être vue comme une tentative pour prendre en charge cette contingence constitutive du savoir. Popper propose en effet de penser le processus d'acquisition des connaissances comme l'exercice d'une faculté d'inventer, d'imaginer librement des conjectures imprévisibles dont rien ne garantit l'accord avec le réel et non comme la mise en œuvre d'une « faculté de connaissance », d'un quelconque pouvoir de « tirer un enseignement » de la situation. Selon ce point de vue la connaissance scientifique relève, comme le mythe ou la littérature, de l'imaginaire et ne s'en distingue que par le contrôle critique auquel elle soumet les inventions de l'imagination. Aussi les théories scientifiques sont-elles pour Popper *intrinséquement imprévisibles*,

---

[87] Ce point a été bien mis en évidence par Daniel Pimbé dans son ouvrage sur Popper *L'explication interdite*, l'Harmattan, 2009 (*cf.* en particulier p. 29 sq.)

tout comme les œuvres d'art : la théorie de la gravitation, la théorie de la relativité etc. avant d'être effectivement énoncées sont absolument *ignorées*, au sens où elles ne sont contenues en puissance ni dans le réel ni dans les structures de notre esprit ni dans les connaissances qui les ont précédées. L'épistémologie poppérienne, par conséquent, conçoit le savoir objectif comme une réalité intrinsèquement *historique*. La progressivité des découvertes dans le temps, pour Popper, n'est en rien accidentelle, elle ne résulte en aucune façon d'une causalité perturbatrice qui retarderait leur apparition et freinerait un processus en lui-même nécessaire. Ce que nous apprend telle ou telle théorie scientifique, nous l'ignorions auparavant, au sens radical du terme, et aurions très bien pu l'ignorer à jamais.

Ces analyses, par ailleurs, ne touchent pas seulement la question épistémologique de la production du savoir. Elles concernent également la question plus proprement pédagogique de l'apprentissage par le sujet d'un savoir *déjà* constitué. Pour le rationalisme classique, nous l'avons vu, cette question ne constitue pas un véritable problème : les connaissances scientifiques étant les produits nécessaires d'une faculté de connaissance, d'un pouvoir également partagé en tout homme de reconnaître la vérité, il est normal et prévisible que l'élève se les réapproprie. Il suffit pour cela, pense-t-on, de lui donner à voir la connaissance constituée (pédagogie classique) ou de la lui faire retrouver (pédagogie active) ou encore de le purger des représentations erronées qui font obstacle à la saisie du vrai. Il en va ainsi car les théories et les concepts scientifiques sont supposés n'être jamais réellement *étrangers* à l'élève : entre l'intelligence du savant qui les a produits et la sienne, la différence n'est jamais que de degrés, selon que l'esprit parvient plus ou moins facilement et rapidement à concevoir ce que, de toute façon, il est par nature nécessairement destiné à concevoir. « Dans le domaine scientifique, écrit Kant (*Critique de la faculté de juger*, art. 47), le plus remarquable auteur de découvertes ne se distingue que par le degré de l'imitateur et de l'écolier le plus laborieux ». De là, selon lui, la possibilité pour l'écolier d'*apprendre* et de se réapproprier les connaissances scientifiques élaborées par d'autres dans le passé : « Ainsi on peut bien apprendre tout ce que Newton a exposé dans son œuvre immortelle, les Principes de la philosophie de la nature, si puissant qu'ait pu être le cerveau nécessaire pour ces découvertes »[88]. Bref, si les théories scientifiques peuvent être enseignées par des professeurs, comprises et apprises par des élèves, c'est qu'elles ne sont pas, pour Kant ni pour aucun représentant du rationalisme classique, ce qu'elles sont justement pour Popper, à savoir de réelles

[88] Emmanuel Kant, *Critique de la faculté de juger*, traduction de A. Philonenko, Vrin, Paris, 1986, p. 140.

inventions imprévisibles, issues comme les œuvres d'art d'une imagination créatrice individuelle. On comprend, dès lors, que l'épistémologie poppérienne fasse de l'apprentissage un authentique problème : comment expliquer que je puisse faire mienne une connaissance élaborée dans le passé par un autre si, comme le pense Popper, je ne suis pas en quelque façon destiné à la produire, si je ne peux la retrouver comme déjà inscrite dans la nature de mon propre esprit ? Comment puis-je apprendre un savoir qui m'est, cette fois-ci, réellement étranger, un savoir radicalement ignoré par moi avant que je ne l'apprenne ?

Cette difficulté touche autant les conceptions pédagogiques traditionnelles que les conceptions progressistes et « actives » de l'enseignement. Il n'y a *a priori* aucune raison pour que l'esprit « reconnaisse » et s'approprie des objets intellectuels qu'on lui présente au moyen d'exposés magistraux. Aucune raison, non plus, pour qu'il soit à même de les retrouver spontanément au terme d'une démarche personnelle. De là la difficulté intrinsèque du processus d'apprentissage scolaire, sa fragilité interne. Rien, à proprement parler, ne garantit que le sujet puisse mentalement s'approprier une connaissance qu'il n'est pas naturellement destiné à produire et qui n'a en elle-même aucun caractère d'évidence ni de certitude. On en conclura, d'une manière générale, que l'assimilation d'un savoir passé par le sujet n'est en elle-même jamais nécessaire, pas plus que ne l'est sa production initiale. Il n'y a jamais de chemin sûr, de « méthode », pour acquérir un savoir nouveau, qu'il s'agisse de le produire ou de s'approprier un savoir déjà produit. L'épistémologie poppérienne exclut la possibilité d'une méthode pédagogique, d'une méthode pour apprendre ou faire apprendre, exactement pour les mêmes raisons qu'elle exclut la possibilité d'une « méthode scientifique » (*cf.* le titre de l'introduction au *Réalisme et la science* « De l'inexistence de la méthode scientifique »), d'une méthode pour découvrir de nouvelles connaissances : parce que toute acquisition de connaissance, production ou réappropriation de savoir, suppose de la part du sujet un effort d'invention qui ne peut, comme tel, être méthodiquement et nécessairement suscité. Ainsi, dès lors qu'on ne postule plus par principe que l'élève dispose d'une faculté naturellement destinée à connaître, la compréhension et l'assimilation d'une connaissance déjà élaborée sont des faits, comme tels contingents, qui ne présentent par eux-mêmes aucune espèce de nécessité. La possibilité de ne pas apprendre et de ne pas comprendre, en d'autres termes, est inscrite dans la nature même du processus d'apprentissage, comme une faillite interne ne renvoyant ni à un quelconque défaut du sujet, manque de volonté, de « motivation », d'attention ou manque d'intelligence, ni à l'action perturbatrice d'un présavoir. Ce qui évidemment ne veut pas dire qu'il faille se résoudre passivement à ce qu'un élève n'apprenne pas, mais simplement qu'on ne peut pas le « faire apprendre », au sens où l'action pédagogique consisterait à monter un dispositif causal devant nécessairement produire son *effet*. Ainsi, tout ce qu'on peut raisonnablement attendre d'un enseignant est qu'il crée des conditions propices à l'apprentissage, voire simplement qu'il ne fasse rien qui empêche les élèves d'apprendre. La nature même du processus d'apprentissage exclut qu'on puisse en outre exiger de lui qu'il produise mécaniquement l'apprentissage, qu'il soit, comme on dit, « efficace ».

Partie 2 : La théorie poppérienne de l'esprit : programme pour une « révolution » dans la psychologie

Nous avons parcouru la critique de la théorie de l'esprit à laquelle mène l'épistémologie du sens commun. Qu'en est-il, maintenant, des thèses de Popper lui-même ? La théorie poppérienne de l'esprit se propose, en premier lieu, d'expliquer le processus général de la connaissance et de l'apprentissage tel qu'il se rencontre dans tous les organismes vivants, humains ou simplement animaux. Ce premier aspect correspond à la théorie dite de « l'esprit-projecteur » (*the searchlight theory of the mind*) que Popper oppose à la théorie de « l'esprit-seau ». L'affirmation de l'activité créatrice du sujet dans la connaissance en constitue le thème central.

La philosophie poppérienne, en second lieu, entend apporter une réponse au problème de la spécificité du sujet humain. Son objectif, sur ce point, est de proposer une explication des fonctions psychiques supérieures, propres à l'homme, qui soit rigoureusement évolutionniste sans être pour autant réductionniste. Evolutionniste, car Popper soutient l'existence d'une réelle continuité entre les formes éminentes de l'activité mentale et les formes élémentaires du comportement organique (ce que résume la célèbre formule : « de l'amibe à Einstein, il n'y a qu'un pas ») ; non réductionniste, car cette continuité n'implique pas pour autant que les premières pourraient dériver mécaniquement des secondes. Les productions humaines, intellectuelles ou artistiques, témoignent au contraire, selon Popper, de la capacité du sujet humain à « faire œuvre », à aller au-delà de sa nature biologique. Le problème poppérien, en d'autres termes, est de rendre compte de ce qui dans l'esprit dépasse sa dimension simplement organique, de sa « transcendance », sans attribuer pour autant ce dépassement à une instance supérieure et métaphysique (sans donc quitter le cadre d'une théorie évolutionniste), mais à un processus « d'auto-transcendance », de « transcendance immanente » pour ainsi dire, au cours duquel le sujet s'élèverait paradoxalement, comme le fameux Baron de Münchhausen dans le conte, « en se tirant lui-même par les cheveux »[89].

[89] *CO*, p. 201.

Un tel processus est rendu possible, selon Popper, par le langage humain, par sa capacité spécifique, inconnue de la communication animale, à détacher la pensée de son porteur, à lui donner une existence exo-somatique. En formulant ses pensées, le sujet engendre un « monde » autonome (le « monde 3 »), un univers réel d'objets symboliques, de pensées objectivées, au contact desquels il peut ensuite, rétroactivement, se transformer lui-même et s'élever sans le secours d'aucune instance supérieure. Le psychisme humain, selon ce point de vue, serait issu d'un « effet retour » (*feedback*) des productions objectivées sur leur producteur. Ses propriétés caractéristiques (comme la conscience de soi, la rationalité, la créativité artistique et scientifique) ne seraient pas la *cause*, mais le *résultat* de l'existence des systèmes symboliques et des rapports que le sujet entretient avec ces derniers. Telle est, en quelques mots, la conception générale de l'esprit dont Popper attend qu'elle produise une véritable « révolution dans la psychologie » (« Mon hypothèse, c'est que nous finirons un jour par révolutionner la psychologie en traitant l'esprit humain comme un organe fait pour interagir avec les objets du troisième monde »[90]). La subjectivité n'y est plus considérée comme une réalité toute constituée, un *cogito* seul face au monde, mais comme le produit d'un ensemble d'interactions avec un environnement culturel objectif, à la fois symbolique et social.

Après avoir présenté la théorie poppérienne de l'activité cognitive en générale (chapitre 1 *« L'esprit-projecteur »*), nous nous pencherons, dans ce qui suit, sur les textes dans lesquels Popper analyse plus particulièrement l'origine et la nature des formes supérieures d'apprentissage et de travail intellectuel, caractéristiques de l'esprit humain. Ces passages, nous semble-t-il, mettent en évidence trois facteurs essentiels dont dépendent les progrès de la rationalité (à la fois chez l'individu et dans l'espèce) : la possibilité, réservée au sujet humain, d'interagir avec l'univers de la connaissance objective (chapitre 2 *Le « monde 3 » et l'esprit humain*) ; sa capacité à adopter un mode de penser spécifique, résultant de cette interaction (chapitre 3 *La pensée critique*) ; l'apparition dans le cours de l'histoire, enfin, d'une tradition de pensée porteuse de valeurs libératrices (chapitre 4 *L'Ecole et la tradition rationaliste*). De chacune de ces analyses découlent des implications qui touchent de près la question éducative. Ces conséquences, rassemblées, dessinent les contours d'une pensée pédagogique originale susceptible de renouveler en profondeur, nous tenterons de le montrer, la réflexion contemporaine sur l'Ecole et l'éducation.

[90] « Sur la théorie de l'esprit objectif », *CO*, p. 249.

Chapitre 1

« L'esprit-projecteur »

L'activité conjecturale

La théorie du « projecteur » (*Searchlight*), que Popper oppose à la théorie de « l'esprit-seau », compare la connaissance subjective à un faisceau lumineux qui viendrait illuminer et révéler les objets vers lesquels il est pointé. Conformément au « principe de transposition », cette théorie est présentée comme la traduction, au niveau psychologique, d'une vérité d'ordre logique et épistémologique, à savoir qu'en science, comme l'avaient déjà souligné Cl. Bernard ou A. Comte, « les observations sont secondes par rapport à la théorie »[91]. De même qu'il est impossible d'observer, au sens scientifique du terme, sans théorie, qu'il faut nécessairement une hypothèse à tester pour diriger le regard du savant vers des aspects du réel qui seraient sans cela restés à jamais inaperçus, de même, au plan de la connaissance subjective, est-il impossible à un sujet de rien percevoir sans disposer, antérieurement à toute observation, d'un « cadre de référence » (le faisceau lumineux) constitué d'attentes ou de croyances.

Cette théorie de « l'esprit-projecteur » s'oppose point par point à toutes les thèses contenues dans la théorie de l'esprit-seau, qu'il s'agisse de la nature, de l'origine ou de la modalité de la connaissance. Elle contredit en premier lieu l'idée selon laquelle la connaissance pourrait en quelque façon être localisée « dans » la pensée du sujet. Nous avons déjà vu (partie I chapitre 2) que Popper rejette la conception subjectiviste selon laquelle les productions symboliques ne feraient que traduire des états et des processus mentaux. Il s'ensuit que la connaissance déposée dans les livres et les œuvres humaines ne peut être considérée comme située « dans » l'esprit. Une telle connaissance est dite par Popper « objective » en ce sens que son support n'est pas un état psychologique mais une entité logique autonome (un « contenu de pensée »), située dans un univers propre (le « monde 3 », *cf.* chapitre suivant). Quant aux connaissances à proprement parler « subjectives », c'est-à-dire les croyances et les pensées du sujet, celles-ci sont certes intérieures à l'esprit, mais nullement à la façon d'un contenu situé « dans » un quelconque « contenant ». Il ne s'agit pas d'informations (de données, de constatations) en quelque sorte

[91] *CO*, p. 506.

« déposées » dans la conscience, mais d'un ensemble d'*anticipations* (d'attentes) qui ne se réduisent jamais à l'enregistrement d'un état de fait actuel. Connaître, quel que soit le type de connaissance subjective considéré, fut-ce le plus humble, revient toujours pour le sujet ou l'organisme à « s'attendre à », à se trouver dans un certain état interne, psychique (croyance) ou simplement physiologique (disposition à réagir), se rapportant à des événements *futurs*. La psychologie poppérienne postule ainsi que l'activité théorique, loin d'être le propre des savants et des chercheurs, se rencontre dans toutes les formes de connaissances pré ou non scientifiques, humaines voire simplement animales. L'équivalent des hypothèses scientifiques, dans ce cas, sont les croyances, les dispositions à réagir à certains événements, soit d'une manière générale « l'horizon d'attentes » d'un organisme vivant : « à chaque instant de notre développement, scientifique ou préscientifique, nous vivons au centre de ce que j'ai l'habitude d'appeler un *horizon d'attentes*. Par là, j'entends la somme totale de nos attentes, qu'elles soient subconscientes ou conscientes, voire même explicitement formulées dans un langage »[92]. La connaissance subjective est par conséquent une connaissance que Popper n'hésite pas à qualifer d'« organismique », en ce sens qu'elle ne consiste pas dans une information déposée *dans* l'organisme, mais bien dans un état interne, dans une certaine disposition intime de celui-ci, qu'elle soit physique, comportementale ou psychologique. A proprement parler, un sujet ou un être vivant quelconque ne *possède* pas de connaissances : il *est* un ensemble de connaissances pour ainsi dire « incorporées » sous forme d'organes, de comportements ou de croyances (un œil, par exemple, peut être considéré comme une théorie incorporée concernant les fréquences lumineuses utiles à l'organisme). Ainsi la métaphore du seau est-elle doublement fautive : elle ne traduit correctement ni l'extériorité radicale de la connaissance objective à l'égard du sujet, ni l'intériorité tout aussi radicale de la connaissance subjective, qui est une modalité de l'organisme, une façon d'être et d'agir, et non un contenu déposé dans un quelconque contenant.

La théorie du projecteur, en second lieu, donne une idée juste de l'origine des connaissances subjectives. Elle s'oppose à la thèse selon laquelle ces anticipations qui constituent notre savoir personnel seraient la conséquence des diverses observations réalisées par le sujet, de telle sorte que leur cause productrice serait extérieure à l'esprit. Sous sa forme philosophiquement élaborée la théorie du seau reconnaît certes elle aussi que la connaissance subjective dépasse toujours le donné empirique, qu'elle réside dans un ensemble d'anticipations et non de constatations[93]. Cependant, elle n'en

[92] *CO*, p. 504.

[93] « L'inductiviste interprète le savoir (au sens subjectif du terme) comme un ensemble d'anticipations. C'est aussi ce que je fais » (*RS*, p. 64).

affirme pas moins, comme chez Hume par exemple, que ces attentes théoriques proviennent, par induction, d'une suite d'observations répétées. Selon la théorie du projecteur, au contraire, « chaque observation est précédée par des attentes ou des hypothèses ; plus particulièrement par celles qui forment l'horizon d'attentes qui confère leur portée à ces observations ; ce n'est que de cette manière qu'elles parviennent au statut d'observations véritables »[94]. Il faut donc en conclure, en ce qui concerne l'origine de ces attentes, qu'elles « émanent de nous et non du monde qui nous entoure », qu'elles « ne sont pas la trace de sensations répétées, de stimulus ou de tout autre élément »[95]. Selon Popper, en d'autres termes, le sujet est le producteur de son propre savoir subjectif. Ainsi la connaissance n'est-elle pas un élément qui « entre » en quelque façon dans l'esprit, mais un produit de l'activité autonome du sujet par laquelle celui-ci réforme ses propres attentes et ses dispositions à réagir.

La théorie du projecteur, enfin, porte sur le statut modal de nos connaissances. Elle soutient que celles-ci sont dépourvues de toute forme de nécessité ou, ce qui revient au même, qu'elles présentent un caractère fondamentalement *conjectural.* Ce sont à proprement parler des « essais », soit de libres productions du sujet ou de l'être vivant, et non des structures naturellement destinées à assurer la cohérence de son expérience. La théorie du projecteur, en ce sens, contredit les versions « rationalistes » de la théorie du seau qui dotent l'esprit-réceptacle de cadres *a priori* lui permettant d'organiser (de « digérer » comme dit Popper) et d'unifier à coup sûr la diversité chaotique des sensations. Ces philosophies ou ces psychologies, dont le kantisme ou le constructivisme piagétien représentent le modèle, ont une « part de vérité » : elles ont bien vu que « nous ne sommes pas les récepteurs passifs des données sensorielles, mais des organismes actifs »[96]. Leur tort est de n'avoir pas aperçu le caractère faillible et donc conjectural de nos anticipations, d'être restées aveugles au fait que « l'immense majorité de nos théories, de nos idées librement inventées n'aboutit pas »[97]. Nous sommes, en ce sens, « plus actifs et plus libres que Kant lui-même ne l'imaginait » : nos connaissances ne sont pas seulement nos productions ou nos constructions, mais à proprement parler nos *inventions*, forcément faillibles et incertaines. A chaque instant, nous sommes engagés dans un processus actif d'exploration de notre milieu que nous questionnons à l'aide d'attentes librement inventées, tout comme le savant questionne le réel à l'aide d'hypothèses théoriques issues de son imagination.

---

[94] *CO,* p. 506.
[95] *CR*, p. 148.
[96] *CR*, p. 148.
[97] *CR*, p. 148-149.

Le rôle « explosif » de l'expérience

La théorie du projecteur ne donne pas seulement une idée juste du rôle actif et créateur du sujet dans la connaissance. Elle permet également d'assigner à l'expérience et à l'observation leur véritable fonction épistémique. Pour échapper à la théorie de l'esprit-seau, en effet, il ne suffit pas de restreindre le rôle de l'expérience sensible dans la connaissance comme le font les théories d'inspiration rationaliste qui soutiennent l'existence de principes formels *a priori*. Entre la thèse selon laquelle le « seau » est à l'origine parfaitement vide et la thèse qu'il contient dès la naissance certaines idées ou certaines structures innées destinées à mettre en ordre les sensations, le désaccord selon Popper est seulement « mineur »[98]. Il importe peu en définitive que l'on considère la connaissance comme constituée « de perceptions accumulées » ou au contraire de perceptions « mises en ordre ou classées » par le sujet ; il importe peu qu'on en fasse une simple réception passive d'informations ou qu'on y voit plutôt un processus partiellement actif de « digestion », d'assimilation de données externes (une structuration des données de la sensation par les catégories de notre esprit comme dans la philosophie transcendantale ou, dans une perspective psychologique d'inspiration cognitiviste, un processus de « traitement de l'information »). Le point réellement important aux yeux de Popper est la thèse, implicitement partagée par toutes ces théories, selon laquelle il revient à l'expérience de fournir le *contenu*, le *matériau* de notre savoir empirique. Il est vrai que les théories d'inspiration rationaliste introduisent l'idée juste que la régularité et l'ordre que nous trouvons dans la nature viennent de notre esprit « qui impose ses lois – ses idées, ses règles – à la masse inarticulée de nos 'sensations' »[99]. Ces théories restent néanmoins attachées à l'idée que l'expérience intervient de façon *positive* dans la constitution de nos connaissances empiriques, qu'elle en fournit la « matière première »[100]. Elles ont beau minorer son rôle (au point de le réduire dans les théories d'inspiration innéiste à celui d'une simple cause occasionnelle, d'un simple déclencheur), elles ne l'*inversent* jamais, n'entrevoient jamais l'idée que son apport est en fait strictement *négatif*, qu'il consiste uniquement dans un principe de sélection et d'élimination. Aussi les psychologues ou les philosophes rationalistes sont-ils en définitive tout aussi éloignés de la conception correcte de la connaissance que leurs adversaires empiristes. La dualité forme/matière qu'ils introduisent généralement pour penser les apports respectifs du sujet et de l'expérience sensible dans la

[98] *CO*, p. 121.
[99] *CO*, p. 130 (note).
[100] *CO*, p. 500.

constitution de nos connaissances ne donne une idée juste ni de cette activité ni de l'expérience : l'activité du sujet, bien comprise, ne consiste pas à structurer le matériau des sensations, mais à conjecturer, à produire des hypothèses ; l'expérience n'est pas davantage la matière première de nos connaissances, mais ce qui *s'objecte* à elles, ce qui les réfute et les sélectionne.

Si nos observations peuvent effectivement être dites à l'origine de nos connaissances, c'est donc uniquement en tant qu'elles ont contredit des anticipations antérieures et qu'elles nous ont ainsi obligés à recomposer notre horizon d'attentes et non en tant qu'elles en constitueraient la base positive, la matière première dont ces attentes seraient issues. Certaines de nos observations, en effet, « sont capables d'avoir, sur notre horizon d'attentes, un effet comparable à celui d'une bombe. Cette bombe peut nous forcer à reconstruire, ou rebâtir, la totalité de notre horizon d'attentes ; c'est-à-dire qu'il se peut que nous devions corriger nos attentes et les réajuster entre elles en un tout à peu près cohérent. On peut dire que, de cette manière, notre horizon d'attentes est reconstruit et rehaussé à un niveau plus élevé, et que nous parvenons ainsi à un nouveau stade dans l'évolution de notre expérience »[101]. Le réel, par conséquent, se manifeste à nous non pas positivement, en nous offrant le matériau de nos connaissances, mais négativement, comme ce qui dément douloureusement nos tentatives, comme ce qui, pour ainsi dire, « nous donne des coups de pieds » (*kicks us*). Aussi apprenons-nous à le connaître « non parce qu'il nous instruit mais parce qu'il nous défie »[102]. Il s'ensuit que la leçon des choses, telle que la conçoit Popper, n'est jamais celle d'une régularité, d'un ordre. Au contraire, ce que nous enseigne le contact avec le réel, c'est toujours que ce que nous croyions être régulier ne l'est pas, qu'il y a des exceptions à la règle attendue, bref de l'imprévu et du désordre. Dans le dialogue du sujet et du réel, l'ordre et la régularité sont entièrement du côté du sujet, entièrement les produits des exigences, intellectuelles ou simplement biologiques, de l'organisme. Aussi la connaissance n'est-elle pas une entreprise visant à refléter ou à saisir un quelconque « ordre des choses », mais un effort pour imposer un cadre fixe à une réalité qui fondamentalement le transcende et ne se révèle paradoxalement à nous que par la façon même dont elle nous échappe.

---

[101] *CO*, p. 505.
[102] *CO*, p. 398-399.

Le processus d'apprentissage

La théorie du projecteur implique, outre la théorie de la connaissance subjective qui vient d'être exposée, une théorie de sa *croissance*, c'est-à-dire une théorie de l'apprentissage. Le développement du savoir subjectif n'obéit pas, comme dans la théorie du seau, à un processus de type cumulatif résultant de l'enregistrement ou de l'assimilation de données extérieures. L'apport de l'expérience étant purement négatif et éliminatoire, il s'ensuit que l'évolution de nos connaissances « résulte toujours d'une modification des connaissances antérieures »[103]. Il est structurellement impossible, en d'autres termes, que le savoir commence à zéro : toute acquisition d'une connaissance nouvelle suppose l'existence d'une attente antérieure précédemment démentie par l'expérience. Aussi faut-il supposer, à l'origine du processus de rectification et de modification progressive par lequel le sujet perfectionne ses connaissances, l'existence d'un présavoir génétiquement donné, d'un système d'attentes et de théories innées. Le savoir se présuppose toujours lui-même, non pas au sens où le nouveau savoir serait la réminiscence de l'ancien, comme dans la théorie platonicienne, mais au sens où il en est la rectification.

En tant que le milieu suscite la production d'une nouvelle connaissance en venant contredire une connaissance antérieure, sa fonction dans le processus d'apprentissage peut être dite « incitative » (*invocative*). Elle ne doit jamais en revanche être qualifiée d'« instructive »[104], car cette nouvelle connaissance renvoie, nous l'avons vu, à l'activité autonome du sujet : elle « provient de l'organisme lui-même. Elle est comme un ballon d'essai, une intuition, une audace de l'imagination »[105]. Aussi la croissance du savoir subjectif, loin de consister dans un mécanisme passif d'enregistrement ou dans un processus partiellement actif de traitement de l'information, repose-t-elle au contraire sur le dynamisme exploratoire, intégralement actif et autonome, de l'organisme : « Tout apprentissage, au sens premier et fort du terme, à savoir en tant que processus d'essais et d'erreurs, contient un élément d'invention et de création »[106]. L'apprentissage, compris en ce sens, apparaît donc comme l'exercice d'un « pouvoir d'inventer », d'une faculté de proposer des « essais », et non comme la mise en œuvre d'une quelconque « faculté de connaissance » grâce à laquelle, comme l'affirme la théorie de l'esprit-seau, il nous serait possible de recevoir des informations en provenance de la réalité extérieure.

---

[103] *RS*, p. 17.
[104] *CO*, p. 398.
[105] *RS*, p. 17.
[106] *RS*, p. 65.

Ces analyses expliquent, enfin, la place centrale qu'occupe la notion de *problème* dans la conception poppérienne de l'apprentissage[107]. Si l'erreur et la contradiction apparaissent comme un constituant essentiel du processus d'apprentissage, en effet, ce n'est pas seulement en tant qu'elles permettent d'éliminer les connaissances fausses, mais également en tant qu'elles agissent comme des « défis » obligeant l'organisme à recomposer, à réinventer son horizon d'attentes. Or pour jouer ce rôle, il faut que l'organisme cherche spontanément à les éliminer, il faut autrement dit qu'elles soient perçues par lui comme des *problèmes* (une simple « gêne » pour l'organisme élémentaire, un « étonnement » pour des formes de vies plus élevées) exigeant une « solution »[108]. Ce sont donc les problèmes, et non les observations comme le soutient la théorie inductiviste du seau, qui constituent le point de départ du processus d'apprentissage. D'où le schéma tétradique bien connu par lequel Popper représente le développement de la connaissance : le processus commence avec la rencontre d'un problème (*P1*), à laquelle succèdent les phases de production des hypothèses (*TT* pour *tentative theories*) et d'élimination de l'erreur (*EE*) pour aboutir à la transformation de l'hypothèse sélectionnée en nouvelle attente, laquelle crée à son tour une nouvelle situation génératrice d'un nouveau problème (*P2*)[109]. Ce schéma, précise Popper, n'est pas à proprement parler « dialectique » au sens hégélien du terme, en dépit du rôle constitutif qu'il attribue à la contradiction. Si la contradiction est féconde, en effet, ce n'est pas parce qu'elle produirait magiquement par elle-même un développement, comme le soutient le dialecticien. C'est uniquement parce que le sujet ou l'organisme ne peut la tolérer et s'évertue à l'éliminer[110]. Le dynamisme de la contradiction, en d'autres termes, ne réside pas selon Popper dans la contradiction elle-même mais dans l'effort vital ou intellectuel pour la supprimer. Le mécanisme de l'apprentissage est à double détente, « conjectures *et* réfutations » : c'est dire que les solutions et les nouveaux problèmes qu'elles engendrent ne sont pas les « moments » d'un quelconque processus nécessaire d'auto-développement du contenu. Le principe producteur de nouveauté, le moteur de l'évolution réside dans l'organisme, dans sa capacité, biologique ou intellectuelle, à conjecturer, à produire des essais, forcément contingents et imprévisibles.

[107] Sur cette question, *cf.* A. Firode, « La notion de problème chez Karl Popper et ses implications pédagogiques », *Recherches en éducation*, janvier 2009.
[108] Karl Popper, *Toute vie est résolution de problèmes,* Actes Sud, Paris, 1997 (à partir de maintenant désigné par *TVRP*), p. 13 *sq*.
[109] *CO*, p. 367-368.
[110] *CR*, p. 463.

La question du dogmatisme

Quoiqu'elle fasse l'effet d'une « bombe », l'expérience ne peut jamais, par elle-même, de façon simplement mécanique et nécessaire, falsifier une attente. Il en va de même, une fois encore (conformément au « principe de transposition »), dans le domaine de l'épistémologie et dans celui de la psychologie. Il est en effet toujours logiquement possible pour un savant dont la théorie se heurte à un test négatif de préserver la vérité de celle-ci au moyen de stratégies d'immunisation (par exemple, en introduisant des hypothèses auxiliaires *ad hoc* ou en modifiant la définition des concepts impliqués). Popper à cet égard s'est toujours défendu de soutenir, à la façon d'un « falsificationniste naïf », qu'un test empirique puisse établir avec certitude qu'une théorie est fausse. Les « énoncés de bases » (c'est-à-dire les énoncés dénotant des observations) qui servent à tester l'hypothèse étant eux-mêmes théoriques, et donc discutables, la falsification d'une théorie scientifique implique toujours un choix qui, pour être rationnellement motivé, n'en reste pas moins une décision contingente à laquelle le savant peut toujours se refuser. De même en psychologie de l'apprentissage. Il nous est toujours possible « de traiter comme une sorte de 'parasitage' les phénomènes qui opposent une résistance à nos efforts », toujours possible de demeurer « attachés à nos anticipations alors même qu'elles sont mal venues et que nous devrions nous avouer vaincus »[111]. La nature « organismique » de la connaissance subjective, par ailleurs, explique que le sujet éprouve naturellement une certaine réticence à réviser ses connaissances. L'acquisition des connaissances n'étant pas un processus de réception, « une accumulation (avec mise en ordre, classification ou association) de traces mnésiques », mais « un certain genre de changement ou de modification dans [les] dispositions à réagir [de l'organisme] »[112], celle-ci implique, au moins au niveau purement organismique où n'intervient pas la considération de la connaissance objective, une forme de transformation de soi et de modification intime qui représente nécessairement pour le sujet, humain ou animal, un certain coût personnel et affectif, plus ou moins élevé.

Cette capacité du sujet à rester sourd aux démentis de l'expérience constitue l'un des premiers sujets de réflexion rencontrés par Popper au cours de sa carrière. Alors qu'il est encore étudiant à l'Institut pédagogique de Vienne, ses premières expériences concrètes avec les enfants, en tant qu'éducateur, le conduisent à cette constatation, sans doute quelque peu déroutante pour un partisan « enthousiaste » de la Réforme scolaire et des méthodes innovantes, que le dogmatisme de l'enfant n'est pas le résultat de la pédagogie

[111] *CR*, p. 83.
[112] *CO*, p. 503.

traditionnelle et de ses procédés d'inculcation, ni l'effet des préjugés issus du milieu familial. Au contact des élèves, le jeune Popper découvre que l'attachement obstiné de l'enfant à une idée, à une théorie, à un comportement est une donnée en quelque sorte naturelle et spontanée de la psychologie enfantine qui n'est pas fonction d'un processus de répétition, n'a rien à voir avec la formation d'une habitude. Et inversement, que l'activité autonome de l'enfant, même suscitée et guidée par l'adulte, ne conduit pas d'elle-même au développement d'une pensée libre et critique. Ce problème de la nature et des causes du dogmatisme constitue l'une des thèmes majeurs des premières écrits poppériens, à caractère psychologique et pédagogique, en particulier du mémoire de 1927 intitulé *Gewohnheit und Gesetzerlebnis in der Erziehung*[113]. Dans ce texte resté inachevé, Popper propose d'expliquer les attitudes « dogmatiques » que la psychologie traditionnelle attribue à l'habitude (*Gewohnheit*) par une certaine disposition du sujet constitutive de son rapport au monde (la « *Gesetzerlebnis* », terme difficilement traduisible qui signifie à peu près « expérience vécue de la légalité »). Ainsi, par exemple, de la conduite d'un jeune apprenti ébéniste[114] qui, plongé dans le milieu inconnu de l'atelier, cherche immédiatement à anticiper un ordre, à supposer aveuglément la régularité « même là où elle n'est pas » en interprétant comme l'expression d'une règle intangible ce qui n'est « qu'une rencontre due au hasard ». De même en ce qui concerne, d'une manière générale, toutes les situations où l'enfant conclut immédiatement, sans passer par un quelconque phase de répétitions, de l'existence d'un état de fait contingent à l'idée qu'il doit nécessairement et régulièrement en être ainsi (Popper en donne de nombreux exemples, tirés des études de psychologie enfantine d'E. Köhler et de K. Bühler).

A cette époque l'attitude dogmatique et son opposé, l'attitude critique, ne sont pas encore présentées par Popper comme deux phases nécessaires et complémentaires du processus d'apprentissage, mais comme deux modes de pensée qui s'opposent radicalement : « Par pensée dogmatique nous voulons entendre un type de pensée qui est caractérisé par la pure acceptation et le maintien de certains principes. Les principes sont acceptés, reçus, c'est-à-dire aveuglément tenus pour vrais, sans voir en général la possibilité qu'ils soient faux, et particulièrement sans que leur rectitude ait été préalablement établie par des expériences. Ils sont maintenus c'est-à-dire qu'ils sont appliqués de façon tenace là où ils semblent seulement être applicables »[115]. A l'opposé, la pensée critique, est la « pensée libre » : « Par pensée libre on entend la pensée sans préjugés, c'est-à-dire la pensée qui juge d'un état de fait sans préjuger du

[113] *FS*, p. 83-185.
[114] *FS*, p. 112. Il s'agit au demeurant d'un exemple autobiographique. *Cf. QI*, p. 55.
[115] *FS*, p. 94.

résultat du jugement »[116]. La pensée critique, poursuit Popper, « est aussi la pensée guidée par des raisons, c'est une forme active et spontanée de pensée, par opposition avec la pensée dogmatique qui ne remet pas en cause le jugement accepté »[117]. L'attitude critique apparaît ainsi, à cette époque, comme le terme vers lequel tend naturellement le processus de développement mental, l'attitude dogmatique n'étant quant à elle qu'une simple forme provisoire destinée à disparaître, un trait psychologique caractéristique de la pensée enfantine et de la pensée primitive.

Quelques dizaines d'années plus tard, dans les écrits de la maturité, l'interrogation sur les causes du dogmatisme reçoit une réponse cette fois-ci philosophique, et non plus seulement psychologique. Selon ce nouveau point de vue, l'attachement plus ou moins borné du sujet à ses propres convictions n'est plus considéré comme l'expression d'un défaut personnel ni même comme un trait de la psychologie enfantine. Il s'agit d'un phénomène général résultant de la nature même de notre condition épistémique : parce que la régularité n'est pas passivement découverte dans le réel, mais activement imposée à celui-ci, la connaissance serait impossible sans un minimum d'obstination et d'aveuglement. Le dogmatisme, soutient ainsi Popper, est « en partie nécessaire », « il se trouve requis par la situation qui est la nôtre et à laquelle nous ne pouvons répondre qu'en imposant au monde les conjectures que nous forgeons »[118]. Toute perception d'une régularité, toute attente d'une répétition supposent en effet un regard sélectif qui néglige les différences pour isoler les éléments semblables (« nous présumons partout la régularité, et nous nous efforçons de la trouver même là où elle n'est pas »[119]). Il s'ensuit qu'une certaine cécité, une forme de fermeture à l'expérience sont incluses, dès le départ, dans l'acte même de connaissance, à la façon d'un élément constitutif.

Une fois admise la nécessité de l'attitude dogmatique, se pose encore la question de son utilité éventuelle. Le dogmatisme contribue-t-il de façon positive à l'accroissement de la connaissance ? Cette utilité ne fait pas de doute en ce qui concerne la connaissance objective. Pour qu'une théorie scientifique soit adoptée à l'issue d'une discussion pleinement rationnelle, en effet, il faut que la décision finale dépende uniquement de la force des arguments utilisés et non du manque de détermination de l'un des partis. Or pour cela il importe que les thèses adverses soient défendues avec une obstination égale de part et d'autre et que la théorie attaquée ne se rende pas au premier assaut (« je pris conscience de la valeur de l'attitude dogmatique –

---

[116] *FS*, p. 95.
[117] *FS*, p. 95.
[118] *CR*, p. 83.
[119] *CR*, p. 83.

il faut que quelqu'un défende la théorie contre la critique, sinon elle succombera trop facilement, et avant d'avoir pu apporter ses contributions au progrès scientifique »[120]). Contrairement à ce que pourrait laisser croire une conception naïvement angélique du dialogue scientifique, par conséquent, une discussion authentiquement rationnelle requiert de la part des participants une forme d'entêtement et de parti pris (comme en témoignent au demeurant quelques-uns des débats les plus intéressants et les plus féconds de l'histoire des sciences). Ainsi, selon Popper, c'est le dogmatisme « qui rend possible la formulation progressive d'une bonne théorie, grâce à différentes approximations : dès lors que nous renonçons trop facilement, nous nous interdisons peut-être de voir que nous avions failli réussir »[121]. Or il en va de même – toujours en vertu du « principe de transposition » – dans le cas de la connaissance subjective. Si nos croyances devaient s'effondrer face au plus petit démenti de l'expérience, il deviendrait impossible pour le sujet de parvenir à la moindre connaissance stable. Une telle attitude dépouillée de tout dogmatisme, si tant est qu'elle fut possible, ne serait pas la marque d'une pensée libérée et parvenue à la maturité, comme l'affirmait le mémoire de 1927, mais bien plutôt celle d'un esprit incapable de rien connaître. La résistance à l'apprentissage, d'une certaine façon, fait elle-même partie du processus d'apprentissage.

L'utilité du dogmatisme, enfin, se manifeste également dans le domaine proprement pédagogique, lorsque l'apprentissage consiste pour le sujet à assimiler des connaissances déjà objectivées (théories, contenus d'ouvrages etc.) Pour des raisons sur lesquelles nous reviendrons bientôt, le processus par lequel nous nous approprions « un élément de connaissance objective » est indissociable selon Popper du processus par lequel nous soumettons cette connaissance à une évaluation critique (*cf. infra*, partie II, chapitre 2). En d'autres termes nous n'assimilons pas un objet intellectuel, quel qu'il soit, sur le mode de la contemplation passive, comme si celui-ci se donnait à voir, mais activement, en engageant avec lui un dialogue critique, en lui adressant des objections, en comparant les solutions qu'il propose avec d'autres solutions alternatives. Or la plupart du temps cette défiance qui nous pousse à questionner et à contrôler les connaissances que l'on nous soumet trouve sa source dans l'attachement immédiat que nous portons à nos propres croyances. De là leur utilité pédagogique et l'impossibilité d'envisager les représentations apportées par les élèves comme de simples obstacles dont l'effet se bornerait à retarder ou à gêner l'accès à la saisie du vrai. Pour jouer ce rôle pédagogiquement positif, il est vrai, le dogmatisme doit remplir

[120] *CO*, p. 78.
[121] *CR*, p. 83.

certaines conditions. Il importe d'une part que l'attachement du sujet à ses croyances initiales engendre une démarche critique à l'encontre du savoir enseigné, et non pas un refus pur et simple de considérer celui-ci. Cet attachement, d'autre part, ne doit pas être tel qu'il mette définitivement les préjugés du sujet à l'abri de toute contestation, ce qui rendrait bien évidemment impossible l'assimilation d'une nouvelle connaissance. La réalisation de ces deux conditions passe, selon Popper, par l'objectivation linguistique de nos croyances, par leur désincorporation. La formulation de nos préjugés, quoiqu'elle ne mette pas fin à l'attachement que nous leurs portons, change en effet profondément la nature de ce dernier. A l'attachement d'origine biologique, à la résistance vitale de l'organisme à l'encontre de tout changement interne, la nouvelle situation substitue l'attachement, à la fois affectif et intellectuel, que le sujet porte à ses productions, à ses œuvres (à ses théories). Ce qui n'exclut certes pas une forme d'entêtement, voire de mauvaise foi, mais cette nouvelle forme de résistance au changement, à la différence de la première, passe forcément par la production d'*arguments* et nous engage ainsi, comme malgré nous, sur la voie de la discussion critique. Le résistance du préjugé, dès que celui-ci a été objectivé, explicitement formulé, n'est donc pas un obstacle, mais un principe dynamique qui pousse le sujet à interagir de façon critique avec le savoir enseigné et contribue, par là même, à son appropriation.

Ces remarques concernant l'utilité et la nécessité du dogmatisme, toutefois, n'empêchent pas Popper d'admettre l'existence d'une forme radicalement nuisible et « pathologique » de dogmatisme. Le dogmatisme, nous venons de le voir, intervient positivement dans la connaissance dans la mesure où il fait pour ainsi dire contrepoids au processus critique, en tant qu'il confère aux objets sur lesquels porte la critique une forme de résistance qui stimule celle-ci et contribue ainsi à une sélection plus stricte et plus rigoureuse des hypothèses. En revanche le dogmatisme devient pathologique dès lors qu'au lieu d'offrir une résistance féconde à la critique, il interdit la possibilité même de celle-ci. Cette distinction entre les deux formes de dogmatisme se remarque d'abord dans le domaine de la connaissance objective. Contrairement à ce qu'affirment certains de ses détracteurs, l'épistémologie poppérienne ne condamne pas systématiquement toutes les tentatives pour conserver une théorie en dépit du verdict négatif de l'expérience (ce qui rendrait bien évidemment inapplicable la méthodologie faillibiliste). Il n'est nullement contraire à la méthode scientifique, selon Popper, de tenter de sauver une théorie en expliquant les démentis expérimentaux par l'hypothèse d'une cause perturbatrice, dès lors que cette hypothèse auxiliaire est elle-même testable sur des phénomènes indépendants de l'*explicandum* initial. Cette stratégie « dogmatique », tout à fait légitime, est à l'origine de nombreuses découvertes scientifiques (comme la fameuse découverte de la planète Neptune dont l'hypothèse, comme on sait, avait été proposée par Leverrier pour sauver la théorie newtonienne de la gravitation). Toute autre, en revanche, est la démarche protectrice qui consiste à rendre la théorie principale elle-même infalsifiable, structurellement auto-validante, de telle sorte que tous les événements, y compris les événements contraires, apparaissent nécessairement comme ses confirmations. A la différence du précédent, un tel procédé, dont la théorie psychanalytique ou la théorie marxiste offrent des exemples frappants, est quant à lui totalement contraire à la méthode scientifique. L'analyse de la connaissance subjective, de son côté, aboutit à une distinction analogue entre deux formes de dogmatisme, normale et pathologique. L'attachement du sujet à ses croyances, ses tentatives spontanées pour interpréter les démentis du réel à la façon de simples éléments perturbateurs sont, nous l'avons vu, des phénomènes normaux et indispensables à la vie psychique. Ce type de dogmatisme se manifeste par une forme de résistance des attentes qui n'interdit pas au sujet, lorsque la pression des objections devient trop forte, de mettre celles-ci en doute et de les réviser. Aussi tend-t-il naturellement à s'assouplir au cours du temps et à laisser progressivement place à une « attitude prudente et critique », « accessible au doute »[122]. Ce n'est plus le cas, en revanche, lorsque le dogmatisme évolue de façon pathologique. Il en va ainsi lorsqu'« une blessure ou un choc » survenus « très tôt » ont engendré dans l'organisme, « la peur et un besoin accru d'assurance et de certitude, selon un processus analogue à celui qui nous fait redouter de mouvoir un membre blessé si bien qu'il devient raide »[123]. Un tel traumatisme engendre un comportement « névrotique », une tendance générale à maintenir coûte que coûte des schémas interprétatifs archaïques si bien que « toute nouvelle expérience est interprétée en fonction d'eux, comme s'il s'agissait de les vérifier et d'accroître encore leur rigidité »[124]. La différence avec l'attitude dogmatique « normale » tient à ce que les événements contraires ne sont plus seulement assimilés à des « perturbations », mais à des « confirmations » qui viennent renforcer le schéma initial, rendant par là-même impossible toute forme d'apprentissage et d'adaptation ultérieurs. Comme le montre la référence explicite au concept de « névrose » dans le passage précédemment cité, la théorie poppérienne ne repousse nullement les tentatives de type psychanalytique pour établir un lien entre certaines difficultés d'apprentissage et l'histoire personnelle du sujet.

---

[122] *CR*, p. 83.
[123] *CR*, p. 84.
[124] *CR*, p. 84.

Popper : un penseur « constructiviste » ?

Résumons, pour terminer, les principales conclusions auxquelles nous a conduits la théorie de l'esprit-projecteur : la connaissance subjective est « organismique », elle consiste en certaines dispositions internes du sujet (organiques, comportementales ou psychologiques) et ne doit pas être comprise à la façon d'un quelconque contenu déposé dans l'esprit ; son origine est à chercher dans l'organisme lui-même, dans un pouvoir naturel, présent en toute forme vivante, d'inventer librement des conjectures, forcément incertaines et fragiles ; l'expérience, quant à elle, intervient de façon nécessaire pour susciter ce pouvoir d'invention, mais cette intervention est exclusivement négative. Aussi la vertu éducative du contact avec le réel n'est-elle pas, comme on le prétend souvent, de régler les délires de notre imagination, d'imposer un ordre salutaire à notre fantaisie, mais au contraire de secouer de façon violente, telle une bombe ou un coup de pied, une imagination toujours trop sage et dogmatique, trop empressée de parvenir à un ordre fixe et immuable. Bref, pas d'apprentissage sans une secousse, sans un problème. Le conflit est la modalité fondamentale de l'acte d'apprendre.

Ces conclusions ne sont évidemment pas dépourvues de conséquences pédagogiques, quoique Popper lui-même ne les ait pas développées. Considérée isolément, sans faire intervenir la question de la relation du sujet à la connaissance objective, l'analyse poppérienne de l'apprentissage paraît plaider sans ambiguïté en faveur d'une pédagogie qu'on pourrait dire, en utilisant un vocabulaire contemporain, « non transmissive », c'est-à-dire d'une pédagogie où la tâche de l'enseignant consiste à fournir à l'élève, non des connaissances constituées, mais des situations lui permettant de produire lui-même de façon autonome ses propres connaissances. Etant entendu que ces situations d'apprentissage types, si l'on suit la théorie du projecteur, ne sont évidemment pas des situations inductives, comme dans la « pédagogie du travail », mais ce que les théoriciens appellent aujourd'hui des « situations-problèmes », c'est-à-dire des situations destinées à heurter les attentes spontanées de l'élève afin de le faire procéder à un remaniement de ses croyances. Ces conséquences, on le voit, rencontrent apparemment quelques-unes des thèses les plus représentatives des théories éducatives actuelles, issues des sciences de l'éducation. Faut-il en conclure que la leçon pédagogique de la philosophie poppérienne ne diffèrerait finalement guère de celle, tirée de la psychologie constructiviste, que propose le plus souvent la pensée éducative contemporaine ? Que la lecture de Popper, en définitive, n'aurait pour effet que de conforter les orientations majeures de la réflexion pédagogique actuelle, pourtant issue d'un cadre théorique différent ?

C'est en tout les cas, semble-t-il, l'interprétation de la philosophie de Popper que proposent les quelques rares chercheurs contemporains en sciences de l'éducation à s'être intéressés de près au philosophe. Joanna Swann[125], pour ne citer qu'une des contributions les plus importantes, voit essentiellement dans la conception poppérienne de l'apprentissage une réfutation de la théorie transmissive de l'enseignement (*the transmission theory of teaching*). Pour cet auteur, les idées de Popper s'intègrent sans problème dans le cadre « constructiviste » qui domine actuellement la pensée pédagogique. Même si J. Swann admet que son épistémologie réaliste ne s'accorde pas avec un constructivisme philosophique qui nierait l'existence d'une réalité objective, ses thèses concernant l'apprentissage, en revanche, conviendraient avec les deux affirmations fondamentales du constructivisme entendu comme théorie de l'éducation, à savoir que « le succès de l'apprentissage ne dépend pas seulement de l'environnement qui entoure l'apprentissage mais du savoir antécédent, des attitudes et des buts de celui qui apprend » et que « le savoir ne peut être transféré du professeur à l'élève comme un message qu'on imprime sur du papier »[126]. Selon cet auteur, qui s'est appuyé sur les idées de Popper pour mener une expérimentation pédagogique dans une classe du primaire entre 1980 et 1987, l'approche poppérienne « implique le développement de programmes d'enseignement issus des élèves eux-mêmes »[127] (contre l'idée d'un programme national imposé). Le rôle de l'enseignant, dans cette perspective, est d'abord de permettre aux élèves de formuler leurs propres problèmes, de « développer leur aspiration à apprendre »[128]. Toutefois, comme l'apprentissage résulte de la réfutation des attentes et des hypothèses spontanées, sa tâche consiste également à « aider les élèves à découvrir leurs erreurs ». Le professeur n'est donc pas un dispensateur de savoir, mais un « fournisseur d'arguments contradictoires et de critiques »[129] qui veille, toutefois, à ne pas décourager l'élève dans sa conquête autonome des connaissances.

La lecture de la pensée poppérienne qui vient d'être résumée est certes loin d'être infondée. Elle peut s'appuyer légitimement sur les nombreux textes concernant la théorie de « l'esprit-projecteur » que nous avons rencontrés dans ce chapitre. Il nous paraît toutefois risqué d'en conclure sans autre forme d'analyse qu'elle constitue l'unique interprétation pédagogique possible de la pensée de Popper, ni surtout qu'elle suffit à rendre compte de la théorie

---

[125] J. Swann, « What doesn't happen in teaching and learning ? », *Oxford Review of Education*, 24 : 2, 1998, p. 211-223.

[126] *Ibid.*, p. 216.

[127] *Ibid.*

[128] *Ibid.*

[129] *Ibid.*, p. 220.

poppérienne de l'esprit dans sa totalité. Les passages que nous venons d'étudier, qui insistent fortement sur l'autonomie et l'activité créatrice du sujet dans le processus d'apprentissage, ne traitent pas prioritairement, on l'aura peut-être remarqué, de la situation proprement scolaire, c'est-à-dire de la situation où l'on attend de l'élève qu'il se réapproprie des connaissances déjà produites par d'autres et déjà objectivées dans l'univers symbolique. Les conclusions dégagées par Popper, dans ces textes, concernent avant tout la question du rôle de l'expérience, du donné empirique, dans le processus d'acquisition des connaissances en sorte qu'elles s'appliquent indifféremment à l'apprentissage humain et animal. La relation du sujet au monde symbolique de la connaissance objective (le « monde 3 ») quant à elle n'y est pas à proprement parler thématisée, ni du même coup la spécificité de l'apprentissage scolaire et humain. Ce point, nous semble-t-il, mérite d'être souligné. Les textes où Popper envisage justement cette question du rapport du sujet au « monde 3 », en effet, ont une tonalité générale beaucoup moins aisément conciliable avec les principes de l'orthodoxie constructiviste contemporaine. Comme nous l'avons constaté en analysant la critique poppérienne du subjectivisme (*cf.* partie I chap. 2), ces passages insistent moins sur l'autonomie cognitive du sujet apprenant que sur sa dépendance constitutive à l'égard d'un monde culturel, symbolique et social, qui le précède et s'impose à lui. Loin d'aboutir à l'idée d'une subjectivité auto-productrice, leur conclusion est bien plutôt, nous l'avons vu, que « nous devons toujours presque tout à nos prédécesseurs »[130]. Il importe donc, croyons-nous, de ne pas négliger les difficultés que peut poser, dans l'interprétation pédagogique globale de la pensée poppérienne, la présence de ces thèses d'inspiration objectiviste et anti subjectiviste qui contredisent à de nombreux égards le point de vue ordinaire de la psychologie constructiviste. Ces aspects peuvent d'autant moins être passés sous silence que l'intérêt et l'originalité principale de la philosophie de Popper nous paraît précisément résider, comme il a déjà été dit, dans sa capacité à tenir ensemble ces deux thèses (l'activité du sujet apprenant d'une part et la préséance de la connaissance objective sur la connaissance subjective d'autre part) qui semblent pourtant faire signe chacune vers des conceptions opposées de l'école et de la pédagogie. Aussi l'essentiel du bénéfice que la réflexion sur l'éducation peut tirer de l'œuvre poppérienne se trouve-t-il perdu dès lors qu'on s'empresse de l'enrôler, comme on peut être tenté de le faire, sous la bannière obligée du constructivisme pédagogique.

Une juste compréhension de la théorie poppérienne de l'apprentissage et de ses implications pédagogiques nécessite donc que soient également considérés

---

[130] *CO*, p. 234.

de près, outre les textes consacrés à la théorie du « projecteur » déjà étudiés, les passages où le philosophe analyse la façon spécifique dont se constitue et se développe la connaissance chez l'homme. Popper, il est vrai, insiste souvent sur la continuïté biologique qui unit l'activité animale et la connaissance humaine. Il n'en est pas moins vrai que celle-ci possède à ses yeux des propriétés irréductibles, liées à la spécificité du langage humain, dont la théorie de l'esprit-projecteur ne peut, à elle seule, rendre compte. Parce que l'homme est le seul être à posséder un langage doté des fonctions descriptives et argumentatives (*cf.* chapitre suivant) il peut en effet, à la différence d'un autre organisme, produire un univers de connaissances « objectives », douées d'une forme d'autonomie par rapport à leur producteur. Le sujet humain peut également, pour les mêmes raisons, se développer au contact de ce monde autonome de connaissances, par l'effet rétroactif que celles-ci produisent sur lui. Une théorie complète de l'esprit humain doit donc mettre en jeu trois et non deux formes de réalité : celle du sujet psychologique et de ses semblables, celle du monde matériel et celle, irréductible aux deux précédentes, de l'univers des produits symboliques objectivés, de ce que le philosophe appelle le « monde 3 » ou encore le monde de la « connaissance objective ».

Popper a consacré une partie importante de sa réflexion à élaborer une telle théorie de l'esprit, considéré dans sa dimension spécifiquement humaine. Celle-ci, comme nous allons le voir, s'inscrit dans le cadre de l'épistémologie évolutionniste, d'inspiration néo-darwinienne, que le philosophe développe durant la dernière période de sa carrière.

Chapitre 2

Le « monde 3 » et sa relation à l'esprit humain

Origine et nature du « monde 3 »

Popper présente fréquemment sa conception de l'apprentissage par essais et erreurs comme une extension de la théorie darwinienne de la sélection naturelle en biologie aux domaines de la psychologie et de l'épistémologie[131]. La modification interne des attentes « est une mutation, ou y ressemble : elle provient de l'organisme lui-même »[132]. Quant au démenti infligé aux attentes par l'expérience, celui-ci serait du même ordre que la sélection naturelle par laquelle le milieu élimine les espèces inadaptées. Ainsi, « le développement de notre connaissance est le résultat d'un processus qui ressemble étroitement à ce que Darwin a nommé la sélection naturelle ; il s'agit de la *sélection naturelle des hypothèses* (...) Cette interprétation peut s'appliquer à la connaissance animale, à la connaissance préscientifique et à la connaissance scientifique »[133]. Ce rapprochement, insiste Popper, est plus qu'une simple analogie : « en présentant les choses sous cet angle, j'entends bien décrire la manière dont la connaissance se développe effectivement. Il ne s'agit pas d'un mode de présentation métaphorique, même s'il fait usage, bien évidemment, de métaphores. La théorie de la connaissance que j'entends proposer est, pour l'essentiel, une théorie darwinienne du développement de la connaissance »[134]. L'objectif de cette « épistémologie évolutionniste » est de montrer comment la connaissance sous ses formes les plus hautes s'enracine dans le phénomène biologique élémentaire de la vie. Non pour réduire le savoir dans son ensemble à « un instrument dans la lutte pour notre survie »[135] mais pour penser comment les formes de connaissance les plus élevées, celles qui sont précisément dépourvues d'une signification biologique, *émergent* des formes primitives inférieures. Si, comme se plait à le répéter Popper, « de l'amibe à Einstein, il n'y a qu'un pas », la nature de ce « pas », de cette rupture qui fait la spécificité de la connaissance humaine par rapport à la

[131] Pour une rapide présentation de la version « poppérienne » du darwinisme, *cf. infra*, annexe 3, p. 139.
[132] *RS*, p. 17.
[133] *CO*, p. 392.
[134] *CO*, p. 392.
[135] *CO*, p. 395.

connaissance animale, ne peut être comprise que sur le fond de continuité qui unit ces dernières.

Selon la version que Popper propose de l'évolutionnisme darwinien, l'apparition des formes de vie supérieures s'explique par la mise en place, grâce au jeu de la sélection naturelle, de systèmes de contrôle de plus en plus perfectionnés dont la fonction biologique générale est de permettre à l'organisme de survivre à ses échecs. Alors que dans le darwinisme standard l'élimination de l'erreur passe forcément par la destruction de l'organisme, la théorie poppérienne au contraire « autorise le développement de contrôles par élimination de l'erreur (organes d'avertissement comme les yeux, mécanismes de rétroaction) ; c'est-à-dire de contrôles capables d'éliminer l'erreur sans détruire l'organisme »[136]. Ces systèmes, du plus simple au plus complexe, apparaissent comme autant de moyens d'intérioriser et d'anticiper le mécanisme d'élimination de l'erreur, et donc de dispenser l'organisme d'un affrontement violent et risqué avec le réel. Un système de rétroaction comme la mémoire, par exemple, permet de contrôler la formation des conjectures en éliminant d'emblée celles qui n'ont pas réussi auparavant. De même, un mécanisme d'avertissement, constitué par exemple de tentacules ou d'organes sensoriels, permet à l'organisme d'éliminer de façon anticipée les mouvements qui mettraient sa vie en danger. Ces systèmes de contrôle, qui transposent à l'intérieur de l'animal le principe de la sélection naturelle, ne commandent pas la formation des essais. Ils ne procèdent pas positivement par *instruction*, mais négativement par élimination sélective de l'erreur. Aussi s'agit-il de contrôles « *plastiques* », non rigides, qui ne règlent pas de façon déterministe la production des conjectures, mais interviennent uniquement sur la « gamme des essais possibles » (la mémoire, par exemple, restreint l'éventail des essais permis mais n'indique pas parmi cette gamme quels essais il convient d'effectuer ni en quoi ils consistent). Leur présence fait que les tentatives ne se font pas « au hasard », comme dans la théorie darwinienne classique (« nous devons rejeter l'idée que la méthode qui procède par essais et erreurs opère généralement, ou normalement, avec des essais pris au hasard »[137]), sans supprimer pour autant la contingence des inventions de la vie. Enfin, la façon dont ces systèmes agissent sur l'organisme fait intervenir l'idée d'une organisation hiérarchique des instances de contrôle, de telle sorte qu'un système de contrôle inférieur est lui-même sous le contrôle d'un

[136] *CO*, p. 369.

[137] *QI*, p. 70. *Cf.* également *CO*, p. 369, note : « la méthode d'essais et d'erreurs n'opère pas au moyen d'essais qui seraient complètement aléatoires ou stochastiques (...) il doit y avoir au moins un effet subséquent (...) car l'organisme apprend en permanence de ses erreurs, c'est-à-dire qu'il établit des *contrôles* qui suppriment ou éliminent, ou à tout le moins réduisent la fréquence de certains essais possibles ».

système supérieur (par exemple les comportements, qui contrôlent les mutations anatomiques, sont eux-mêmes contrôlés, chez les organismes supérieurs, par des systèmes tels que la mémoire). Chaque organisme peut ainsi être considéré « comme un système hiérarchisé de contrôles plastiques »[138].

Les mutations les plus décisives, à l'origine des sauts qualitatifs dans le cours général de l'évolution, sont celles qui ont produit de nouveaux systèmes de contrôle, plus perfectionnés. Ainsi s'explique, en premier lieu, l'apparition de la conscience. La conscience, en effet, est assimilée par Popper à un mécanisme de contrôle plastique : « les états conscients fonctionnent comme des systèmes de contrôle, d'élimination de l'erreur ; l'élimination en général d'un comportement naissant, c'est-à-dire d'un mouvement naissant. La conscience de ce point de vue paraît n'être qu'une des nombreuses sortes de contrôle en interaction »[139]. Le « problème de Descartes »[140], le problème de la distinction et de la relation entre l'âme et le corps, trouve ainsi sa solution dans une théorie biologique de l'émergence. Selon ce point de vue, la conscience ne constitue pas une substance indépendante, mais un simple *produit* de l'organisme matériel obtenu par le biais de la sélection naturelle. La conscience, cependant, ne se *réduit* pas à la matière, comme le soutiennent les matérialistes : en tant qu'elle contrôle plastiquement les mouvements du corps, elle constitue une instance autonome génératrice d'une nouvelle forme de réalité (les états mentaux constitutifs du « monde 2 ») irréductible à la réalité matérielle (les états physiques du « monde 1 »). De là la position dualiste, mais non substantialiste, de Popper pour qui l'âme et le corps constituent deux formes d'états, deux formes d'événements (psychologiques et physico-chimiques), en interaction.

Le même type d'analyse s'applique à l'émergence du monde des significations (le monde de la culture, le « monde 3 »). Selon Popper, en effet, cette troisième forme de réalité constitue un système de contrôle supérieur correspondant, dans le cours de l'évolution, à l'apparition de deux nouvelles fonctions du langage, la fonction descriptive et la fonction argumentative. Au niveau de la vie animale simplement consciente, le langage ne présente, chez les espèces qui en disposent, que deux fonctions élémentaires : une fonction « expressive » consistant à extérioriser les états internes de l'organisme (par exemple, « un oiseau peut être prêt à s'envoler et le manifester par certains

[138] *CO,* p. 369.
[139] *CO*, p. 376.
[140] Par opposition au « problème de Compton » qui désigne la question du contrôle exercé par le monde des significations (le monde 3) sur la conscience (le monde 2).

symptômes »[141]) et une fonction d'« appel », ou de « communication », par laquelle le symptôme acquiert en outre, chez certaines espèces, la valeur d'un signal (le comportement de l'oiseau prêt à s'envoler « peut déclencher ou provoquer, chez un second oiseau, une certaine réponse, ou réaction, qui aura pour conséquence de le rendre lui aussi prêt à s'envoler »[142]). Quoique ces deux fonctions primitives du langage animal se retrouvent également dans le langage humain, celui-ci possède en outre deux autres fonctions « supérieures » qui exercent sur les fonctions précédentes une forme de « contrôle plastique »[143] analogue à celui que la conscience exerce sur les comportements corporels. La première des deux fonctions supérieures, la fonction descriptive ou de « représentation », rend possible, au moyen d'une production linguistique, la description d'un état de fait, réel ou supposé[144]. La fonction argumentative, quant à elle, permet de soumettre les énoncés descriptifs à une discussion *critique*, c'est-à-dire à une évaluation reposant sur l'analyse de leurs conséquences logiques internes (la logique, en ce sens, est « l'organon de l'argumentation critique »[145]). Ces deux fonctions supérieures de contrôle engendrent, d'une part, leurs propres normes, leurs propres « idées régulatrices » qui agissent comme principes de sélection internes : la *vérité* pour la fonction descriptive (imposant l'élimination des énoncés faux) et la *validité* pour la fonction argumentative (imposant l'élimination des arguments non valides). Elles engendrent, d'autre part, une nouvelle *forme de réalité*, un nouveau « monde », distinct du monde des états physiques et du monde des états psychologiques. La vérité et la validité, selon Popper, sont en effet des propriétés qui appartiennent aux énoncés en tant que tels, considérés indépendamment des états mentaux qui les accompagnent. Ainsi un énoncé est-il vrai ou faux, quelles que soient les croyances de celui qui le comprend ou le formule. De même les relations logiques qui permettent d'établir la validité d'un argument, telles que l'inférence ou la contradiction, ne s'établissent pas entre des états mentaux – qui n'entretiennent entre eux que des relations de *causalité* – mais entre des énoncés. Il s'ensuit que l'apparition de ces normes confère aux pensées explicitement formulées une réalité en soi. Elles deviennent par là même des *propositions*, des « connaissances objectives » possédant une existence et des propriétés logiques autonomes, distinctes des états psychiques et des opérations mentales du sujet : « Avec les hautes fonctions du langage apparaît donc un monde nouveau : le monde des productions de l'esprit humain. Je l'ai nommé le monde 3 (…) Le monde 3 est spécifiquement celui du langage, parlé (écrit ou imprimé) comme les récits,

[141] *CO*, p. 357.
[142] *CO*, p. 357.
[143] *CO*, p. 363.
[144] *CO*, p. 358.
[145] *CO*, p. 359.

les mythes, les théories, les problèmes théoriques, les erreurs et les arguments »[146].

La fonction de cette nouvelle réalité est, nous l'avons dit, d'exercer un contrôle rétroactif sur les états mentaux, de telle sorte que « notre monde exosomatique des significations est dans le même rapport avec la conscience que la conscience avec le comportement de l'organisme individuel en action »[147]. Nos croyances et nos attentes, en d'autres termes, sont contrôlées par nos théories, nos processus mentaux réglés par les contraintes logiques objectives du monde 3, tout comme notre corps et nos mouvements sont sous le contrôle de notre conscience. Tel est le principe général d'une théorie de l'émergence : une instance produit (« sécrète » en quelque sorte) un effet qui s'autonomise, s'objective, et contrôle en retour l'instance productrice : le corps (le monde 1) produit le psychisme (le monde 2) et se trouve en retour contrôlé par lui, le psychisme produit le monde symbolique (le monde 3) qui s'autonomise à son tour et le contrôle en retour. Il s'agit dans tous les cas, nous l'avons dit, d'un contrôle souple, « plastique », qui n'agit pas par instruction mais de façon négative et sélective par élimination et inhibition de certaines actions de l'instance contrôlée. C'est dans cet effet rétroactif du monde 3 sur le monde 2 de la conscience, selon Popper, qu'il faut chercher l'origine des facultés par lesquelles l'homme se distingue structurellement de l'animal. Ainsi s'explique, dans le cours de l'évolution, l'apparition de cet organe spécifique « fait pour interagir avec les objets du monde 3 » que constitue « l'esprit humain ». De même en ce qui concerne « la raison humaine » qui est la capacité de soumettre les pensées subjectives aux normes logiques du monde 3. Quant au « cerveau humain », enfin, celui-ci est le produit du contrôle exercé par le monde 3, par l'intermédiaire de la conscience, sur le corps humain. Dans la théorie poppérienne de l'évolution, l'homme donc n'est pas seulement le produit d'une interaction de l'organisme avec le milieu physique. Il faut tenir compte pour expliquer les traits les plus spécifiques de la constitution humaine, physiologiques et psychologiques, de la pression sélective exercée rétroactivement par ses propres productions linguistiques objectivées. L'homme, selon Popper, est en grande partie le produit de ses propres inventions, la conséquence non prévisible de leur effet rétroactif sur le cours de l'évolution biologique.

---

[146] Karl Popper, *L'Univers irrésolu, plaidoyer pour l'indéterminisme*, traduction de Renée Bouveresse, Hermann, Paris, 1984 (à partir de maintenant désigné par *UI*), p. 129.
[147] *CO,* p. 377.

« Apprendre à être un soi »

Faute d'avoir compris la pensée humaine dans la perspective biologique et néo-darwinienne qui vient d'être exposée, la psychologie classique (mais on pourrait peut-être en dire autant des sciences cognitives contemporaines) n'a pas su saisir l'esprit à la façon d'« un organe fait pour interagir avec les objets du monde 3 », ne pouvant exister et se développer qu'en corrélation avec ces derniers. Son tort est d'avoir négligé cette interdépendance constitutive, d'avoir étudié le sujet pensant comme s'il s'agissait d'une substance autonome, d'un *je pense*, alors qu'il doit être compris comme l'élément d'un système unique fait de deux pôles (l'organe producteur et ses produits) en constante interaction. (Inversement, cette même interdépendance implique, notons-le au passage, que le monde 3 ne doit pas être conçu comme une substance qui s'auto-développerait elle-même en vertu d'une nécessité interne, comme une forme de subjectivité absolue. C'est pourquoi Popper rejette résolument la conception hégélienne de l'esprit objectif, quoiqu'il reconnaisse une parenté entre sa propre conception et celle de Hegel. Le monde 3 est réel mais ne constitue pas pour autant une subjectivité autonome : il ne se développe, de façon imprévisible et historique, que par interaction avec le sujet humain, par les défis – les problèmes – qu'il lui propose).

Cette façon de concevoir l'esprit, nous l'avons déjà dit, doit conduire selon Popper à une véritable « révolution » de la psychologie. Comme l'avaient déjà compris K. Bühler et les tenants de la *Denkpsychologie*, la vraie nature de l'esprit humain ne se révèle pas dans les moments d'oisiveté (par exemple quand il perçoit « une tache ronde de couleur orange »), mais dans ces états de « concentration volontaire » proches de l'inconscience qui caractérisent les activités mentales supérieures, intellectuelles ou artistiques[148]. La nouveauté de l'approche que Popper tient pour « révolutionnaire » réside dans l'idée, cette fois-ci étrangère à la *Denkpsychologie*, que ces fonctions psychiques supérieures ne peuvent être comprises qu'une fois l'esprit resitué dans sa « niche écologique » propre, au sein des productions symboliques extrasomatiques avec lesquelles il interagit. La subjectivité humaine et les fonctions mentales qui la caractérisent ne sont pas des données psychologiques pouvant être étudiées en elles-mêmes. Leur structure interne, leur mécanisme profond demeurent incompréhensibles sans la prise en compte des effets de rétroaction qu'exercent les produits de l'esprit sur l'organe producteur.

Ces déclarations en faveur d'une révolution de la psychologie (qui ne sont pas sans évoquer, par le rôle qu'elles assignent à l'environnement socio-culturel

[148] *QI*, p. 272.

objectif dans la formation de l'esprit, les thèses du psychologue soviétique Lev Vygotsky ou la psychologie culturelle de J. Bruner) restent, il est vrai, essentiellement programmatiques. On trouve néanmoins dans les écrits poppériens tardifs, sinon une véritable étude systématique des fonctions psychologiques supérieures, du moins quelques esquisses indiquant clairement les principes généraux auxquels cette étude devrait se conformer. Ainsi des passages que Popper consacre, dans *La Quête inachevée* (chap. XXXIX) ou dans *The Self and its Brain* (chap. P 4, § 33), au problème de l'émergence du moi chez l'enfant. Ces textes suggèrent en effet que le développement des activités psychiques caractéristiques de l'esprit ne s'effectue pas, durant la première période de la vie, prioritairement par interaction avec l'environnement physique mais par interaction avec le monde symbolique, au sein d'un environnement linguistique, culturel et social. C'est en s'efforçant de produire des énoncés ou de saisir le sens des énoncés qu'on lui adresse, c'est-à-dire en s'efforçant de « manipuler des objets du monde 3 », d'interagir avec eux, que le psychisme de l'enfant subit en retour les effets de contrôle qui le constituent à la fois en raison et en conscience de soi. Selon Popper, le « je pense » n'est pas, comme l'affirmaient Kant ou Descartes, un principe inné ni une donnée immédiate du sens interne qui « accompagne toutes nos représentations ». Il nous a fallu « apprendre », durant l'enfance, que nous avons un soi ou mieux « apprendre à être un soi ». Ce qui n'a pu se faire sans échanges socio-linguistiques, par exemple sans que l'enfant soit nommé et qu'on s'adresse à lui en utilisant son nom propre, ni sans qu'il ait compris le sens de certains mots (par exemple le verbe « dormir » dont l'usage implique que l'interruption de conscience, durant le sommeil, n'équivaut pas à un anéantissement de la personne etc.) La constitution du moi est inséparable des théories que nous faisons nous-mêmes sur notre corps, sur le temps, voire sur la naissance et la mort[149], et de celles que nous adressent les autres. Elle serait impossible si l'enfant ne trouvait déjà, implantées dans le langage, les traditions et les usages sociaux, un ensemble de connaissances objectives constituées.

L'échange avec l'œuvre, principe de la créativité

Le même type d'analyse, fondée sur l'idée d'une interaction entre l'esprit et ses productions objectivées, s'applique à l'étude que Popper propose de la création artistique et du processus d'invention théorique.

[149] *QI*, p. 272.

Popper s'en prend souvent, dans le domaine esthétique, à la théorie romantique de l'œuvre comme expression de la subjectivité de l'auteur (ce qu'il appelle « la théorie expressioniste de l'art »). Selon ce point de vue, la qualité d'une œuvre dépendrait prioritairement de l'état interne de son producteur : « l'expressionniste croit que tout ce qu'il peut faire est de laisser son talent, ses dons s'exprimer eux-mêmes dans l'œuvre. Le résultat est bon ou mauvais, selon l'état mental ou physiologique de l'auteur »[150]. A l'opposé, Popper soutient que « tout dépend de l'échange entre nous et notre œuvre ; du produit que nous apportons au troisième monde et de cette constante rétroaction que l'auto critique consciente peut amplifier »[151]. Cette conception objectiviste de la création ne nie pas que les émotions de l'artiste (par exemple d'un compositeur) puissent jouer un rôle dans le processus créateur, mais ce rôle ne tient pas à ce qu'elles devraient être « exprimées » : « la fonction vraiment intéressante des émotions du compositeur (...) est qu'elles peuvent être utilisées pour éprouver le succès, l'harmonie ou l'effet de l'œuvre (objective) : le compositeur peut s'utiliser comme une espèce de cobaye, modifier et réécrire sa composition (comme Beethoven le faisait souvent) quand il n'est pas satisfait de sa propre réaction à celle-ci »[152]. La force et la justesse de l'émotion suscitée, par ailleurs, ne sont pas les seuls critères à l'aide desquels l'artiste peut juger ses propres tentatives. Il arrive fréquemment, si l'on sort de la sphère étroite de l'art romantique, que celui-ci se propose d'autres objectifs que de susciter des émotions (les *Inventions* de Bach, par exemple, n'ont pas pour but de dépeindre des sentiments, mais de « donner à l'étudiant un avant goût de la composition »). Ainsi l'artiste, tout comme le savant, cherche-t-il avant tout à résoudre un problème objectif (« objectif » au sens où il est ancré dans la situation historique dans laquelle se trouve l'artiste). Sa méthode procède, comme la méthode scientifique, par essais et erreurs, production de conjectures et appréciation critique de celles-ci. La création, d'une manière générale, ne résulte donc pas d'une expression de soi, mais d'un processus de résolution de problème au cours duquel l'artiste interagit de façon critique avec ses productions objectivées. Non moins important que l'échange avec ses propres essais, enfin, est le dialogue du sujet avec les œuvres et les traditions qui l'ont précédé. Le génie d'un compositeur ou d'un peintre réside prioritairement, selon Popper, dans sa capacité à exploiter la « situation de problème », musicale ou picturale, de son époque, dans sa capacité à dialoguer avec des réalités esthétiques objectives du monde 3, à y découvrir des problèmes nouveaux et riches, et non dans une certaine disposition mentale interne singulière qu' « exprimerait » son œuvre.

[150] *CO,* p. 234.
[151] *CO,* p. 234.
[152] *QI,* p. 97.

Il n'est pas exagéré, en ce sens, de dire « que nous devons toujours presque tout à nos prédécesseurs et à la tradition qu'ils ont créée »[153].

Le principe de la créativité humaine n'est donc pas à chercher dans les ressources du sujet mais dans le fait que nous pouvons nous enrichir au contact de nos propres productions objectivées (nos propres essais et ceux de nos prédécesseurs). Il en va ainsi, en dernière analyse, parce que celles-ci nous dépassent toujours, qu'elles contiennent toujours plus et autre chose que ce que nous avons intentionnellement voulu y mettre. Toute formulation, qu'elle soit linguistique, picturale ou musicale, s'accompagne d'une dépossession : dès que notre pensée subjective a été formulée, dès lors qu'elle a été objectivée, elle acquiert une existence et une signification autonomes, indépendantes de nos intentions initiales, qui font d'elle un « objet du monde 3 »[154]. Cet échappement se manifeste par l'apparition d'objets nouveaux et de faits non intentionnels (par exemple dans le domaine des mathématiques, les nombres premiers, qui sont « découverts » comme un sous-produit non intentionnel de l'invention des entiers naturels), mais aussi et surtout par l'apparition de problèmes nouveaux eux aussi imprévisibles et non intentionnels (par exemple, en ce qui concerne les nombres premiers, la conjecture de Goldbach). Ce phénomène constitue le ressort le plus profond du développement humain, le principe même de « l'auto-transcendance » de l'espèce humaine. Si la pensée est capable de nouveauté, si elle dispose d'un véritable pouvoir créateur par lequel elle peut transcender les conditions de sa production, c'est à l'action rétroactive du monde 3 sur elle que nous le devons. Parce que nous pouvons être surpris par nos productions, parce que nous avons toujours paradoxalement à découvrir nos propres inventions, à les déchiffer, une fois produites, comme des réalités extérieures et étrangères auxquelles nous nous heurtons, nous pouvons apprendre à leur contact et ainsi « nous élever nous-mêmes en nous tirant par les cheveux »[155]. Il en va par conséquent de nos théories et de nos œuvres comme de nos enfants : « il se

---

[153] *CO*, p. 234.

[154] Toute formulation, en ce sens, constitue un événement, instaurant une coupure entre un avant et un après : « Il y a une grande différence entre penser simplement une idée et la formuler dans un langage (ou encore mieux l'écrire ou la faire imprimer). (…) Avant qu'elle soit formulée dans le langage, ma croyance et moi ne faisons qu'un : la croyance fait partie de ma manière d'agir, de mon comportement » (*The Philosophy of Karl Popper*, La Salle, Illinois, 1963, p. 1064). Ainsi, par ex. « il semble n'y avoir qu'un petite nuance entre sentir qu'il est très tard pour le déjeuner et dire : 'il est très tard pour le déjeuner'. Mais je tiens que la différence est immense ? Pourquoi l'est-elle ? Parce que désormais quelqu'un pourra me répondre : 'pourquoi dites-vous cela ?' ou encore 'il n'y a pas d'heure pour manger' » (*ibid.* p. 1028).

[155] *CO*, p. 201.

peut que nous en retirions une plus grande quantité de connaissances que nous ne leur en avions originellement transmis »[156].

L'interaction critique : modalité fondamentale du rapport au « monde 3 »

Quoiqu'elle reprenne à certains égards un thème platonicien, comme Popper le reconnaît lui-même, la notion de monde 3 n'en bouleverse pas moins totalement la conception que la métaphysique classique se fait traditionnellement du « monde intelligible ». A l'idée d'un monde constitué de vérités et d'essences éternelles, elle substitue celle d'un univers historique et mouvant peuplé de théories incertaines, d'arguments et de problèmes. A l'idée d'une entité métaphysique posée *a priori*, celle d'une réalité biologique issue naturellement de la sélection naturelle. Cette théorie renouvelée de l'intelligible (que Popper caractérise comme étant un « essentialisme modifié ») n'est évidemment pas sans conséquence sur la question du rapport de l'esprit aux objets intellectuels. La conception que la tradition métaphysique propose habituellement de ce rapport s'inscrit dans le cadre général de la théorie de « l'esprit-seau ». L'esprit, à la façon d'un réceptacle ou d'un miroir, est censé appréhender les objets du monde intelligible sur le mode de la vision contemplative. L'effort intellectuel est alors conçu comme un travail sur soi (et non sur les objets qu'on se propose de penser), consistant à se rendre attentif à ce qui se donne à voir dans sa propre lumière. Cette conception de la pensée en terme de vision, de réceptivité préservatrice traverse, comme on sait, toute la philosophie classique et sous-tend implicitement, nous y reviendons dans un instant, les pratiques pédagogiques traditionnelles. Qu'en est-il maintenant chez Popper ?

Les propos du philosophe, sur ce sujet, paraissent à première vue révéler une certaine hésitation. Popper, en effet, s'exprime parfois comme s'il reprenait simplement à son compte la métaphore platonicienne de la vision. L'esprit, écrit-il dans la conférence « Sur la théorie de l'esprit objectif », a vis-à-vis des *intelligibilia* du monde 3 une relation comparable à celle qu'il entretient avec les *visibilia* du monde 1 : il peut « saisir » (*grasp*) intuitivement, « voir » des réalités intellectuelles telle qu'« un nombre ou une figure géométrique »[157]. Cette image d'une vision de l'esprit, chez Popper, a principalement pour but de suggérer que les objets intelligibles qui peuplent le monde 3 ne sont pas réductibles à un ensemble d'opérations mentales, qu'ils préexistent à l'acte psychologique qui les vise et les saisit, tout comme l'objet vu préexiste à

[156] *CO*, p. 235.
[157] *CO*, p. 248.

l'acte de le voir. Elle n'implique pas en revanche la croyance à l'existence d'une mystérieuse faculté de contemplation (un « œil de l'esprit ») par laquelle il serait possible de les intuitionner. Dans l'un de ses derniers ouvrages, *The Self and its Brain*, Popper insiste longuement sur ce point. La « saisie » des réalités intelligibles ne s'identifie pas avec une contemplation passive mais s'apparente plutôt à un processus actif de ré-effectuation (*re-making*)[158]. La compréhension d'une théorie ou d'un problème est comparable au déchiffrage d'une « phrase latine difficile » dont nous ne saisissons le sens que lorsque nous voyons comment elle est faite et que nous la reconstruisons mentalement. Il n'est donc pas besoin de supposer un quelconque « œil de l'esprit » : notre faculté de saisir les objets du monde 3, de les « voir », ne requiert en définitive pas d'autre pouvoir que celui de les produire. C'est la même capacité d'invention qui est à l'œuvre dans la création initiale des théories et dans la réappropriation des théories déjà produites.

Ce recours à l'idée d'une réeffectuation, toutefois, n'est pas lui-même exempt d'ambiguïtés et mérite à son tour certaines précisions. On remarquera, en effet, que l'appel à l'idée de « réeffectuation » ou de réinvention, dans le texte précédemment cité, n'implique nullement que le sujet pourrait ou devrait, comme l'affirment certains pédagogues ralliés au constructivisme psychologique, reconstruire le savoir à partir d'une quelconque mise en situation concrète, sans être mis en présence du produit intellectuel déjà constitué. Il ressort au contraire clairement de la comparaison avec le déchiffrage du latin que cette activité de réeffectuation, telle que la conçoit Popper, s'exerce sur un matériau théorique, sur des éléments symboliques, *déjà fournis*, nécessairement *transmis* (au moyen d'un livre ou d'un enseignement). Cette condition est requise par la conception réaliste que l'épistémologie poppérienne propose de la connaissance objective. Popper, nous l'avons vu, ne cesse de souligner que les objets intellectuels possèdent une authentique réalité substantielle, qu'ils ne sont pas réductibles à un ensemble d'actes mentaux. Il s'agit d'entités réelles douées, tout comme les objets physiques, d'un véritable pouvoir causal. L'appel à l'idée de réeffectuation signifie donc seulement que cette action du monde 3 sur l'esprit n'est pas analogue à une action physique, que son effet n'est pas de produire une passion du côté de l'esprit, mais au contraire de déclencher une activité. En l'utilisant, Popper n'entend nullement remettre en cause l'idée que cette activité mentale est fondamentalement un effet, le résultat de l'action causale de l'intelligible sur l'intellect. Un effet, par conséquent, qui ne peut être produit en dehors de sa cause, sans que l'esprit soit effectivement confronté à un « élément de connaissance objective ». Affirmer le contraire, soutenir que

---

158 *SB*, p. 43-46.

le sujet pourrait par lui-même réengendrer un objet intellectuel sans être mis en présence du produit symbolique objectivé reviendrait à refuser à cet objet toute réalité substantielle et tout pouvoir causal, à le réduire à n'être qu'un simple effet, le simple témoin linguistique d'un processus psychologique. Bref, à rejeter l'idée même d'un « monde 3 », c'est-à-dire la thèse la plus essentielle de l'épistémologie poppérienne.

Outre les textes que nous venons de citer, qui recourent aux notions contraires de « vision » et de « réeffectuation », on trouve encore chez Popper d'autres indications importantes susceptibles d'éclaircir la nature du processus par lequel l'esprit se rapporte au monde intelligible. Si les objets symboliques sont réels, comme l'affirme la théorie du monde 3, il s'ensuit que le sujet entretient avec eux une relation sinon identique du moins analogue à celle qu'il entretient avec les objets physiques du monde 1. Or nous l'avons vu au chapitre précédent, la réalité empirique, selon Popper, n'intervient jamais positivement dans la formation de notre savoir. Nous n'en prenons connaissance que négativement, parce qu'elle dément brutalement nos croyances et nous oblige ainsi à recomposer notre horizon d'attentes. Dans plusieurs endroits de son œuvre, Popper suggère qu'il en va de même, *mutatis mutandis*, de la réalité intelligible. Le monde 3 ne nous instruit pas en se donnant à contempler, comme l'affirme Platon. Tout comme le monde 1, nous ne le connaissons que parce qu'il nous « défie », quoique ce « défi » soit d'une nature différente de celui que nous adresse la réalité empirique. Le « défi », en l'occurence, provient de ce que les objets intellectuels qui composent le monde 3 sont intrinsèquement porteurs d'une signification normative. Une théorie quelconque, du seul fait de son existence, élève une prétention à fournir, pour un problème donné, une solution supérieure à toutes celles que nous en proposons spontanément. La réponse au défi, quant à elle, consiste à éprouver cette prétention normative, à en contester la valeur en la soumettant à des tests, bref à la *critiquer*. D'où l'idée, fréquemment émise par Popper, que l'interaction entre le monde 3 et le monde 2 est de nature quasiment conflictuelle, que chacune des deux instances « lutte » pour ainsi dire afin d'exercer sur l'autre un contrôle sélectif : les objets du monde 3 en imposant un contrôle normatif à nos croyances ; le sujet en imposant en retour un contrôle critique aux objets du monde 3. Bref, l'interaction entre les deux mondes est telle que les objets du monde 3 sélectionnent nos croyances et qu'inversement nous sélectionnons par la critique les objets du monde 3.

C'est dans cette idée spécifiquement poppérienne d'un rapport quasiment conflictuel entre le sujet et le monde intelligible que réside, nous semble-t-il, la clef du processus par lequel nous parvenons à saisir les objets du monde 3. Qu'est-ce que saisir un problème, en effet, sinon *contrôler* qu'il s'agit réellement d'un problème, c'est-à-dire tenter de résoudre la question par soi-même et éprouver l'impossibilité de produire immédiatement une solution ? De même, qu'est-ce que comprendre une théorie sinon affronter à son tour la difficulté afin de voir si la théorie en question « fait mieux que d'autres solutions plus évidentes »[159] ? Le travail de déchiffrage et de ré-effectuation, déjà évoqué, par laquelle le sujet saisit les objets du monde 3, est indissociable pour Popper d'une activité de contrôle critique et, finalement, ne s'en distingue pas. La compréhension subjective, en d'autres termes, est strictement *contemporaine* du processus critique de mise à l'épreuve et ne précède aucunement celui-ci. Aussi ne comprenons-nous pas les objets du monde 3 en les accueilllant à la façon d'un seau recevant un contenu ou d'un miroir reflétant fidèlement une image, mais en leur résistant et nous les comprenons d'autant mieux que cette résistance est plus active et intransigeante. Tout effort pour comprendre peut se décrire, d'un point de vue psychologique, comme un effort pour contester critiquement la prétention normative dont un objet théorique est porteur. On ne dira donc pas, comme on le fait ordinairement, qu'il faut d'abord comprendre avant de critiquer, d'abord acueillir docilement le savoir avant de songer à le contester. Ni que le droit de critiquer est réservé à ceux qui ont déjà compris et n'ont plus à apprendre. Contre ces recommandations, qui révèlent immanquablement une conception dogmatique et autoritaire du savoir, la leçon poppérienne est au contraire que l'exercice légitime de l'esprit critique n'admet aucun délai. Qu'il n'est nul besoin d'attendre de savoir ni d'avoir compris pour avoir le droit de contester, critiquer, contester. Mais qu'à l'inverse, il faut critiquer *pour* comprendre et apprendre, contester et éprouver le savoir *pour* se l'approprier réellement.

Ces thèses sont évidemment lourdes de conséquences pédagogiques. D'un côté, le rejet de la théorie classique du monde intelligible entraîne inévitablement celui de la conception de l'enseignement qui lui est explicitement ou implicitement associée, c'est-à-dire la conception selon laquelle transmettre un élément de connaissance objective consiste à en exposer clairement et méthodiquement les constituants, à les présenter à l'attention des élèves afin de leur faire « voir » ce qui, dans un système symbolique, apparaît ordinairement comme enveloppé et dissimulé. La position poppérienne, en d'autres termes, invalide la pédagogie qu'on peut dire « traditionnelle » ou « magistrale ». D'un autre côté, cependant, elle exclut également la conception opposée, d'inspiration constructiviste cette fois-ci, selon laquelle le sujet ne pourrait authentiquement apprendre, assimiler un savoir, que si on ne le met pas en présence de connaissances déjà

[159] *SB*, p. 43-46.

objectivées, déjà présentées sous forme de produits symboliques achevés (théories, concepts). On ne conclura pas des analyses précédentes, en effet, qu'il faudrait autant que possible, comme le prétend par exemple Piaget[160], s'interdire de soumettre une connaissance constituée à un enfant, sous peine d'empêcher celui-ci de l'inventer et donc de la comprendre réellement. Popper, certes, partage avec les théoriciens constructivistes l'idée que le sujet est actif dans son rapport au savoir, que l'appropriation d'un contenu s'accompagne psychologiquement d'un certain travail de reconstruction mentale, mais cette reconstruction passe selon lui par une confrontation critique avec l'objet théorique et ne peut donc aucunement s'effectuer en son absence. Nous apprenons à connaître les objets du monde 3 en nous heurtant critiquement à eux, en répondant par une mise à l'épreuve au « défi » qu'ils nous adressent, et non pas en tentant vainement de les recomposer à partir de notre expérience subjective, que celle-ci soit personnelle ou collective.

On voit, par conséquent, que les analyses poppériennes conduisent à envisager le rôle du maître selon un point de vue qui ne correspond en définitive ni à l'enseignement traditionnel ni aux pratiques ordinairement recommandées par le progressisme pédagogique. Ce rôle, en effet, ne peut être ni celui d'un « facilitateur » se bornant à accompagner l'élève dans la construction autonome de ses connaissances, comme le prônent les théories d'inspiration constructiviste, ni à l'inverse celui d'un pourvoyeur de savoirs qui « remplirait » l'« esprit-seau » de son auditoire. Le maître exemplaire – représenté chez Popper par la figure mythique de Thalès auquel *La société ouverte et ses ennemis* attribue la fondation même de l'Ecole – entretient avec ses élèves une relation qui ne correspond à aucun de ces deux modèles pédagogiques opposés. Quoiqu'il communique effectivement un savoir constitué, cette transmission s'effectue néanmoins sur un mode spécifique qui la distingue radicalement du remplissage d'un quelconque « contenant ». Contrairement à Pythagore, en effet, Thalès ne transmet pas sa doctrine à la façon d'une vérité acquise, dans l'espoir de convaincre ses disciples, mais comme une hypothèse, en mettant ces derniers au *défi* de la réfuter ou d'en trouver une meilleure. Tel serait, en définitive, le modèle de la posture pédagogique qu'on doit aux philosophes et physiciens ioniens : celle d'un maître qui ne cherche pas à convaincre, mais au contraire à provoquer l'activité critique de ses élèves à l'encontre même du savoir qu'il s'agit de transmettre. On dira, sans doute, que cette situation correspond plus au cas d'un savant exposant le fruit de ses recherches devant ses pairs qu'à celui d'un professeur enseignant un savoir éprouvé face à des élèves en charge de l'assimiler. Cependant, nous venons de le voir, toute l'analyse poppérienne du

[160] *Cf. Psychologie et pédagogie*, Médiations, 1969.

processus de compréhension tend justement à annuler cette différence, à montrer que *l'activité consistant à critiquer un savoir ne se distingue finalement pas de celle par laquelle ce même savoir est assimilé et compris par le sujet.* C'est dire que l'élève n'apprend réellement que lorsque il ne se comporte précisément plus comme un élève, mais qu'il adopte d'emblée sur le savoir établi le point de vue critique du chercheur qui questionne ce savoir, s'efforce délibérement d'en découvrir les failles éventuelles ou tente librement d'inventer des solutions concurrentes. Sortir de la conception autoritaire et dogmatique de l'enseignement, par conséquent, revient à comprendre que le modèle inauguré par les anciens Ioniens s'applique également à *toutes* les formes de communication des connaissances, que le maître s'adresse à ses pairs ou à des novices, que la connaissance transmise soit une hypothèse récente ou au contraire un savoir déjà éprouvé depuis longtemps. On voit par là, sinon ce que serait une pédagogie « poppérienne », du moins ce qui pourrait en être l'idée directrice : celle d'une école où le souci principal serait moins de réformer les opinions de l'élève, de le convertir à ce qui est tenu pour vrai ou pour juste, que de susciter de sa part une interaction critique avec le savoir objectivé. Bref, une école dont le principe premier serait de ne pas considérer ceux qui apprennent comme des êtres en défaut, en attente d'être « éclairés » ou « comblés » par le savoir, c'est-à-dire en définitive comme des « élèves », mais au contraire comme des sujets d'emblée dotés de capacités sufisantes pour interroger critiquement les connaissances constituées.

Il résulte des analyses précédentes que l'instauration d'un rapport critique au savoir constitue selon Popper la condition fondamentale pour que le sujet puisse non seulement participer à l'avancement des sciences mais encore s'approprier réellement, dans le cadre scolaire, les connaissances objectives léguées par les générations précédentes. Le rationalisme poppérien conduit donc à une pédagogie qui « insiste sur le rôle de la pensée critique par opposition au rôle de l'intuition, de la perception et de l'expérience »[161]. Le chapitre suivant sera consacré à mieux cerner la nature de cette « pensée critique ». Quels en sont les principaux caractères ? En quoi consiste exactement cette attitude critique qu'il importe au plus haut point, nous venons de le voir, de développer chez l'élève ?

---

[161] *FS*, p. 503.

Chapitre 3

La pensée critique

La recherche délibérée de l'erreur

La pensée critique, en premier lieu, se caractérise chez Popper par un certain rapport à l'erreur. La pensée se fait « critique », pour dire les choses rapidement, lorsque le sujet passe de l'attitude consistant à éviter prudemment l'erreur à l'attitude inverse consistant à la rechercher délibérément afin de l'éliminer. Considérer critiquement une thèse quelconque (la sienne ou celle d'un autre), par conséquent, revient à ne pas attendre que celle-ci « rencontre » accidentellement une objection, mais à susciter activement sa réfutation, bref à mettre cette thèse à l'épreuve en usant de son imagination pour inventer des tests ou des « situations limites » susceptibles de l'invalider. Cette recherche délibérée de l'erreur, par ailleurs, n'intervient pas seulement dans le rapport à une connaissance donnée, mais aussi quand le sujet se propose d'en produire une nouvelle. Procéder de façon critique, dans ce cas, consiste à privilégier par principe les hypothèses les plus risquées, les plus susceptibles d'être démenties par les faits. Bref à exercer avec audace son imagination théorique.

Selon la théorie poppérienne de l'évolution la possibilité de cette inversion du rapport naturel à l'erreur, le passage de son évitement à son élimination, marque la rupture entre la connaissance animale et la connaissance proprement humaine. D'un côté, il est vrai, toutes les formes de connaissance, de la plus élémentaire à la plus élaborée, de « l'amibe à Einstein » comme se plaît à dire Popper, obéissent à un processus identique. Du bas jusqu'en haut de l'échelle, l'activité cognitive consiste toujours en un mécanisme de contrôle permettant de déléguer le risque vital en envoyant un émissaire de l'organisme affronter le réel à la place de celui-ci. Les hypothèses scientifiques que le savant soumet à des tests, en un certain sens, ne sont jamais que le prolongement des pseudopodes que l'animalcule projette pour sonder son environnement. A cet égard il n'y a effectivement qu'un simple « pas » qui sépare l'amibe d'Einstein. D'un autre point de vue, toutefois, ce « pas » n'en est pas moins décisif. Nous avons vu, en effet, que l'apparition des fonctions supérieures du langage et du monde 3 permet au sujet humain de détacher totalement ses connaissances de lui-même, de leur donner une existence *objective*, exosomatique. Les théories, les hypothèses linguistiquement formulées, sont par conséquent des émissaires que nous pouvons littéralement « envoyer mourir à notre place » alors que la réfutation de nos connaissances « organismiques » (telles que nos comportements, nos croyances ou nos attentes) au contraire, entraîne toujours plus ou moins le risque que nous disparaissions avec elles : « le croyant – qu'il soit animal ou homme – périt avec ses fausses croyances »[162]. Dès lors qu'il consiste dans la réfutation d'une connaissance objective, détachée de son support organique, le désaveu du réel ne met plus en péril le porteur de la connaissance. Apparaît ainsi une façon spécifiquement humaine d'échouer, une forme de défaite qui paradoxalement n'est pas à craindre et peut même être activement recherchée pour les informations qu'elle procure. De là la possibilité pour le sujet de ne plus chercher à éviter l'erreur mais au contraire de l'utiliser comme un moyen d'exploration du réel. L'apparition de la connaissance objective, la possibilité corrélative « d'envoyer nos théories mourir à notre place » entraînent donc une inversion d'attitude face au démenti de l'expérience qui ne rapproche plus mais éloigne cette fois-ci radicalement Einstein de l'amibe : à la différence de l'amibe qui « déteste l'erreur »[163] et s'efforce de l'éviter, le savant au contraire cherche à la susciter pour la dépister en soumettant ses théories aux « tests expérimentaux les plus sévères »[164]. Alors que l'expérience de l'échec conduit généralement l'organisme à adopter un comportement plus prudent, moins risqué, qui le mette à l'abri des périls à venir, le savant, dans les mêmes circonstances, adopte une attitude rigoureusement inverse : il réagit à la réfutation d'une théorie en cherchant une nouvelle théorie non pas *moins* mais *plus* risquée que l'ancienne, en ce qu'elle doit rendre compte de l'échec de la première théorie et faire de l'exception rencontrée le cas d'une règle plus générale, et donc plus fragile, que la précédente. Cette inversion du rapport à l'erreur (passage de l'évitement à l'élimination) change radicalement la portée et la nature de l'activité cognitive : de simple outil d'adaptation au réel, la pensée devient un instrument d'investigation tourné vers la recherche du vrai.

Une autre caractéristique fondamentale de l'erreur humaine, par quoi elle se distingue encore des formes simplement biologiques de l'échec, qui engagent toujours un risque pour l'organisme, est qu'elle ne constitue pas non plus, paradoxalement, un péril pour la connaissance réfutée elle-même. Les réfutations que subissent nos théories, remarque en ce sens Popper, « nous rassurent »[165]. Elles nous enseignent que nos hypothèses, « bien que nous (en) soyons nous-mêmes les auteurs (…) n'en sont pas moins d'authentiques affirmations sur le monde ; car elles peuvent se heurter avec quelque chose

[162] *CO,* p. 202
[163] *CO*, p. 133.
[164] *CR,* p. 87.
[165] *CO,* p. 305.

dont nous ne sommes pas les auteurs »[166]. Nos erreurs nous apprennent certes que le monde nous échappe, mais elles nous rassurent en attestant que c'est bien le monde lui-même qui nous échappe. Une connaissance qui ne parlerait aucunement du réel, qui ne contiendrait pas une part même minime de vérité empirique, ne pourrait à proprement parler être fausse et mériter le nom d'erreur (affirmer par exemple que la neige est noire, implique cette vérité qu'elle possède une couleur, qu'elle n'est pas verte etc.) Aussi le véritable échec, pour une théorie, consiste-t-il à être éliminée pour d'autres raisons que sa fausseté, en raison de ses faiblesses logiques (par exemple à cause de sa nature contradictoire ou au contraire tautologique, ou encore en raison de son caractère *ad hoc*, de son incapacité à être testée sur des phénomènes indépendants de l'*explicandum* etc.) Au contraire, être réfutée par une expérience, devenir une « erreur », constitue toujours pour une théorie une forme de succès, la preuve indiscutable qu'elle possède ce que Popper appelle un « contenu de vérité » (le contenu de vérité désigne la classe des énoncés non tautologiques vrais qui découlent logiquement d'une théorie[167]). Popper remarque à ce sujet que la théorie newtonienne, si elle n'avait pas été réfutée par Einstein, aurait perdu sa dimension empirique pour devenir un « système de définitions ou de conventions implicites »[168]. La théorie de la relativité, en la réfutant, lui a rendu « le caractère empirique qu'elle avait cessé d'avoir » et par là même confirmé son contenu de vérité. La réfutation, en ce sens, bien loin d'être une forme de destruction et d'annihilation, s'apparente au contraire à une restauration préservatrice : « après réfutation, le caractère empirique des théories se trouve préservé et rien ne vient en diminuer l'éclat »[169]. Contrairement à ce qu'affirme la célèbre formule poppérienne, par conséquent, le savant n'envoie pas à proprement parler ses théories « mourir à sa place » : une théorie réfutée, devenue une « erreur », ne « meurt » pas, pas plus que ne meurt son porteur. Les hypothèses éliminées par le processus de la sélection critique n'ont nullement disparu (la mécanique newtonienne figure toujours dans les programmes scolaires), à la différence des espèces éliminées par le processus biologique de la sélection naturelle dont il ne reste que les fossiles.

Les analyses précédentes ont donc pour conséquence générale, du point de vue éducatif, que la mise en place d'une pédagogie tournée vers le développement de la pensée critique passe prioritairement par une remise en cause radicale du statut négatif que l'enseignement traditionnel attribue ordinairement à l'erreur. Aucune pédagogie critique n'est possible tant que

[166] *CO*, p. 305.
[167] *CR*, p. 345.
[168] *CR*, p. 355.
[169] *CR*, p. 355.

l'erreur est considérée comme une faute ou une défaillance qu'il convient d'éviter et de sanctionner. Une telle situation revient à annuler absurdement l'effet libérateur résultant de la désincorporation symbolique des connaissances en réintroduisant artificiellement, sous forme de sanction, un risque réel pour le sujet lui-même. L'élève est ainsi incité à user aussi prudemment de ses produits linguistiques (ses objections, ses hypothèses, ses réponses…) que l'animal use de son corps, comme si leur réfutation devait l'atteindre dans sa chair même, à la façon d'une blessure. Et c'est du même coup le mode proprement humain d'acquisition des connaissances (apprentissage de type exploratoire par dépistage provoqué de l'erreur) qui se voit compromis, en même temps que se trouve encouragée une régression au stade simplement animal de l'apprentissage (apprentissage de type adaptatif par évitement de l'erreur).

On voit donc qu'il importe au plus haut point pour une pratique pédagogique de ne pas sanctionner l'erreur afin de préserver et d'encourager cette liberté d'invention que permet justement la délégation symbolique du risque. La richesse d'un apprentissage, selon la théorie poppérienne, est toujours proportionnelle à l'audace imaginative du sujet, à la prise consentie de risque symbolique. En eux-mêmes les objets qu'on peut proposer à l'attention d'un élève quelle que soit leur nature – une théorie, un texte littéraire, une situation empirique quelconque – ne lui apprennent *rien*, ne l'instruisent pas. L'apport du donné, nous l'avons dit à plusieurs reprises, est exclusivement négatif et sélectif : une théorie élimine nos objections et nos hypothèses concurrentes, un texte élimine nos hypothèses interprétatives, une situation nos hypothèses explicatives. A chaque fois le gain cognitif que nous pouvons tirer d'une confrontation avec un objet quelconque est fonction de l'audace des diverses hypothèses que nous testons à son sujet. Nous comprenons d'autant mieux une théorie, nous l'avons vu, que nous osons lui adresser des objections inventives et ainsi interagir avec elle. Nous pénétrons d'autant plus profondément un texte littéraire que nous osons l'investir d'un sens improbable et fragile. Nous tirons de même un plus grand parti d'une situation empirique que nous tentons de l'expliquer par des hypothèses audacieuses. De là la nécessité pédagogique d'encourager chez l'élève la prise maximum de risque symbolique et, en tout cas, de ne pas la contrarier en la reliant artificiellement, au moyen de sanctions (psychologiques ou matérielles), à une prise de risque réelle, forcément inhibante. Si donc il est quelque chose qu'il faille réprimer, ce n'est pas l'erreur, mais la tentation prudente de la banalité, de l'insignifiance et du lieu commun.

L'imagination critique

Popper insiste fréquemment, outre ce lien avec la recherche délibérée de l'erreur, sur la relation qui unit la pensée critique et l'exercice de l'imagination. Les notions de « critique imaginative »[170] et « d'imagination critique »[171] sont ainsi introduites, dans plusieurs passages, pour caractériser les formes supérieures d'apprentissage : « le processus d'apprentissage, du développement de la connaissance subjective, est toujours fondamentalement le même. C'est la critique imaginative »[172]. L'idée même de « critique imaginative » paraît à première vue paradoxale, puisqu'elle conjugue les deux activités, d'invention et de sélection, que le schéma de l'apprentissage par « conjectures et réfutations », « essais et erreurs », semble au contraire assigner à deux étapes clairement séparées et consécutives du processus. C'est pourtant dans cette alliance, dans cette capacité à porter l'épreuve de la critique au sein même de l'imagination, ou inversement la dimension imaginative au sein même de la critique, que réside selon Popper le propre d'une pensée authentiquement libre et créative. L'invention des conjectures, dans le cas d'une pensée non créative, animale ou humaine, s'effectue en effet toujours à partir d'une « gamme d'essais » elle-même non soumise à la critique, admise comme donnée. Des processus de contrôle, comme la mémoire, peuvent certes en modifier la composition par effet rétroactif (par exemple en éliminant des essais infructueux déjà effectués) mais ils ne peuvent par eux-mêmes modifier la nature même de la gamme. Celle-ci constitue pourtant elle-même un essai, une « conjecture plus profonde »[173] et inconsciente qui sert de cadre imposé à la production consciente des conjectures par le sujet, dont l'imagination s'exerce alors de façon non critique. L'imagination, au contraire, se fait « critique » dès lors que le sujet entreprend d'« attaquer même ces présupposés qui, pour une pensée moins critique, déterminent les limites de la gamme dans laquelle les essais sont sélectionnés ; avec une liberté d'imagination nous permettant de voir des sources d'erreur dont on ne soupçonnait pas l'existence jusqu'ici »[174].

A cet exercice critique de l'imagination, qui caractérise les formes d'apprentissage supérieures spécifiquement humaines, répond une pratique elle-même imaginative de la critique. S'il faut critiquer pour inventer (pour porter ses essais au-delà de la gamme fixée par les préjugés ou le donné biologique), inversement, il faut inventer pour critiquer. Il n'est en effet

[170] *CO,* p. 235.
[171] *QI,* p. 71.
[172] *CO,* p. 235.
[173] *QI,* p. 71.
[174] *QI,* p. 72.

d'autres façons de « transcender les limites de la gamme » que d'essayer « de concevoir des circonstances qui dépassent notre expérience (...), de trouver, de construire, d'inventer, de nouvelles situations, des situations tests, des situations critiques » qui permettent de « localiser, de détecter et de mettre en question nos préjugés et suppositions habituels »[175]. Ainsi l'invention, dans les formes supérieures de pensée, n'intervient-elle pas uniquement dans la phase dogmatique du processus d'apprentissage (la formation des conjectures) mais aussi dans sa phase critique (dépistage de l'erreur). Il arrive même parfois à Popper de considérer que cet usage critique de l'imagination, consistant à faire surgir des problèmes par invention de « situations limites », nécessite plus de capacité créative et « d'ingéniosité personnelle » que son usage simplement positif, consistant à proposer des solutions, « des essais et des dogmes » (« c'est dans le processus critique d'élimination de l'erreur que le rôle de l'ingéniosité et de l'imagination est le plus important »[176]). Sa tentative pour reconstituer la démarche qui a conduit Anaximandre à l'audacieuse hypothèse cosmologique d'une terre « se tenant d'elle-même en l'air », sans support, parce qu'« également éloignée de toutes les autres choses », est à cet égard significative[177]. Pour Popper, en effet, la part la plus inventive du travail d'Anaximandre est d'avoir aperçu la régression à l'infini qu'impliquait le mythe thalésien d'une terre supportée par l'eau (pour cela il lui a fallu *imaginer* cette « situation limite » d'une terre soutenue par une infinité de supports hissés les uns sur les autres). Une fois ce problème mis en évidence, la découverte de sa « solution », quant à elle, aurait nécessité moins d'imagination et d'ingéniosité, puisque celle-ci aurait été simplement « suggérée » à Anaximandre par le souvenir « d'un passage dans lequel Hésiode développe une idée de l'Iliade où l'on nous dit que le Tartare est exactement aussi loin en dessous de la terre qu'Uranus, ou le ciel, est au-dessus d'elle »[178]. Comme le suggère cet exemple, le sujet accède aux formes supérieures de la pensée dès lors que son imagination n'intervient plus seulement dans la formation des hypothèses, mais aussi dans leur critique, dès lors que la critique se fait imaginative et l'imagination critique. C'est par un tel effort pour réunir les deux moments, disjoints dans la pensée commune, de l'imagination et de la critique que le savant parvient à de nouvelles

---

[175] *CO,* p. 235.

[176] *QI,* p. 72. Dans *Le mythe du cadre de référence* (publié dans *Karl Popper et la science d'aujourd'hui*, Aubier, Paris, 1989 – à partir de maintenant désigné par *MCR*), Popper toutefois tient les deux formes d'ingéniosité pour égales : « la vérité est difficile à atteindre. Elle nécessite à la fois de l'ingéniosité dans la critique des théories anciennes, et de l'ingéniosité dans l'invention imaginative de nouvelles théories » (p. 23).

[177] *MCR*, p. 21.

[178] *MCR*, p. 21.

hypothèses explicatives ou que l'artiste produit de nouveaux essais, poétiques, musicaux ou picturaux.

Former l'élève à la pensée critique, par conséquent, ce n'est pas, comme on aurait pu le craindre, le former à l'exercice d'une pensée qui serait exclusivement destructrice, sans puissance créatrice. La mise à l'épreuve d'un savoir exige un travail constructeur de l'imagination, un effort d'invention de situations limites, de tests ingénieux et de questions inédites, qui demande autant et souvent plus de capacité créative que la production de la thèse critiquée elle-même. Si l'interaction critique avec les objets du monde 3 engendre un apprentissage c'est précisément qu'elle fait appel à l'imagination créatrice de l'élève, qu'elle suscite chez lui la production d'interrogations, d'objections, d'inventions théoriques diverses. Il en va des réalités du monde 3 comme des réalités du monde 1 : elles ne nous délivrent par elles-mêmes aucun savoir, ne nous instruisent pas. Que les objets soient empiriques ou idéaux leur rôle dans l'apprentissage consiste uniquement à nous donner des « coups de pieds », à déclencher chez le sujet l'activité conjecturale sans laquelle il n'est pas de connaissance possible. Bref, nous nous enrichissons au contact du monde 3 comme nous nous enrichissons au contact du monde 1 : en l'explorant au moyen d'hypothèses ingénieuses, en risquant des conjectures audacieuses au sujet des objets qui composent chacun de ces univers. Ces conjectures exploratoires sont des attentes et des hypothèses explicatives pour les objets du monde 1, des hypothèses critiques pour les objets du monde 3. Dans les deux cas la réalité que nous explorons, concrète ou symbolique, manifeste sa présence en résistant à nos tentatives, en répondant de façon inattendue aux conjectures et questions que nous lui adressons. Sans cette activité conjecturale, entièrement issue de notre libre imagination, les objets qui sont portés à notre attention, quelle que soit leur nature, ne nous apportent aucune connaissance. Sans elle, nous n'apprenons rien d'une situation empirique, rien d'un ouvrage, rien d'un exposé. De là la vanité, déjà soulignée, de toutes les pédagogies qui reposent sur l'idée qu'on pourrait apporter de la connaissance à un élève, tout comme on peut apporter de l'eau dans un seau (peu importe, à cet égard, le vecteur par lequel on prétend réaliser cet apport de connaissance, qu'il s'agisse de l'expérience – comme dans les pédagogies actives d'inspiration empiriste et sensualiste –, ou du discours – comme dans les pédagogies magistrales classiques). Popper, sans doute, ne nie pas qu'il faille apporter quelque chose à l'élève, au sens où il importe de le mettre en présence du réel, à la fois du monde 1 et, surtout, du monde 3. L'important, d'un point de vue pédagogique, est de comprendre que cette mise en présence du monde, physique et symbolique, ne constitue pas par elle-même un apport de connaissances, que les objets, concrets ou théoriques, qui sont ainsi portés à l'attention de l'élève lui sont proposés comme autant d'incitations à inventer des conjectures, comme autant de défis le poussant à exercer librement, sans crainte de l'erreur, son imagination personnelle.

La connaissance objective, objet de la pensée critique

Penser de façon critique, comme nous y engage la pédagogie poppérienne, ne revient pas à adopter une attitude « dubitative » à l'égard de nos croyances. La *critique*, à la différence du *doute*, est en effet une opération d'ordre logique et non psychologique, qui porte sur des *propositions*, dont on examine les implications objectives, et non sur des *croyances*. Les croyances, à proprement parler, ne se critiquent pas : elles se transforment au moyen de mécanismes causals (de causes et non de raisons) qui relèvent de la psychologie et non de la logique[179]. Aussi la connaissance subjective, d'une manière générale, « n'est pas sujette à la critique »[180]. Son élimination implique forcément une transformation interne, mentale ou organique, du sujet, quelque chose qui s'apparente toujours à une forme, totale ou partielle, de « mise à mort du porteur de la connaissance subjective ou de la disposition en question »[181]. La critique au contraire, parce qu'elle porte sur de la connaissance objective, n'engage aucune modification ou suppression du porteur de la connaissance. C'est ainsi que je peux critiquer une pensée indépendamment des croyances de son porteur (les miennes, s'il s'agit de ma propre pensée ou celles que j'attribue à autrui, s'il s'agit de la pensée d'un autre). L'attitude critique, en d'autres termes, permet de détacher l'exercice de la pensée de sa relation aux états internes, psychologiques ou organiques, du sujet.

Le mécanisme de l'apprentissage s'en trouve porté à un niveau supérieur. Le vivant ou le croyant en effet ne produisent jamais *plus* d'anticipations, d'attentes, qu'il n'est utile pour vivre et ne modifient celles-ci que sous la pression subie d'un déséquilibre avec l'environnement. Au contraire, dès lors que les connaissances acquièrent une existence exo-somatique, objective, il devient possible de les faire évoluer et de les modifier indépendamment des besoins et des états internes du sujet. Ce qui signifie, d'une part, que la production des conjectures n'est plus assujettie, comme dans le cas des

---

179 *QI*, p. 258.

180 *CO*, p. 127. « Seule la connaissance objective est susceptible d'être critiquée : la connaissance subjective ne devient susceptible d'être critiquée que dans la mesure où elle devient objective, et elle devient objective quand nous disons ce que nous pensons ; et elle le devient encore davantage quand nous l'écrivons ou l'imprimons » (*CO*, p. 70).

181 *CO*, p. 127.

croyances, à des critères d'ordre *psychologique* (vraisemblance, crédibilité etc.), qui n'autorisent qu'un nombre très limité d'options, mais *logique* (non contradiction, testabilité, non hadocité etc.), ouvrant ainsi la possibilité d'un éventail littéralement infini de solutions théoriques en concurrence pour le même problème. Bref, il devient possible de conjecturer sans *croire* (ce qui est à proprement parler produire une *hypothèse*, au sens scientifique du terme) et de critiquer sans douter. Il n'est plus nécessaire, d'autre part, que la production de nouvelles hypothèses soit forcément précédée par la réfutation d'une connaissance antérieure, comme précédemment. Désormais, la simple *possibilité logique* de concevoir d'autres explications peut constituer à elle seule une raison suffisante de chercher à faire évoluer la connaissance. L'histoire des sciences montre ainsi que la production de nouvelles théories, bien souvent, n'attend pas la réfutation des anciennes (Copernic, par exemple, n'a pas attendu la défaite de l'astronomie géocentrique pour produire son hypothèse). Le schéma tétradique (P1 – TT – EE – P2), appliqué à la connaissance objective, possède par conséquent une signification prioritairement logique qui n'implique pas forcément, comme dans le domaine psychologique, une succession d'ordre chronologique (quoique cela puisse, bien évidemment, être aussi le cas). Ainsi, d'une manière générale, le passage à l'attitude critique, en libérant la pensée et l'imagination de leur relation aux états psychologiques et organiques, démultiplie-t-il la capacité d'invention théorique du sujet.

On voit donc que les traits distinctifs de la pensée critique résident dans la possibilité pour le sujet de faire porter son activité mentale sur des objets logiques (des propositions, des théories) qu'il peut considérer comme tels, indépendamment des états psychologiques qui leur sont attachés. Ce que signifie la thèse selon laquelle l'esprit humain « est un organe fait pour interagir avec des objets du monde 3 ». Posséder un « esprit », en ce sens, c'est être capable de critiquer sans douter[182], d'affirmer sans croire, de poser des problèmes sans ressentir d'embarras psychologique, d'admettre des explications qui ne s'accompagnent pas forcément d'un sentiment de compréhension, ou inversement de rejeter des explications qui s'accompagnent d'une forte impression de clarté mais ne satisfont pas à des critères logiques. Ces aptitudes, caractéristiques de toutes les formes supérieures d'activités psychiques, se réalisent au plus au point dans le travail scientifique. Le savant, tel que le conçoit Popper, ne cherche pas à justifier telle ou telle croyance, mais à établir, en fonction de critères logiques internes aux énoncés eux-mêmes, une « préférence critique » en faveur d'une théorie.

---

[182] « Il nous est possible de douter sans critiquer et de critiquer sans douter » K. Popper, « Une épistémologie sans sujet connaissant » (*CO*, p. 226).

Aussi le scientifique se préoccupe-t-il des propositions considérées en elles-mêmes, de leurs relations, et non de ses états mentaux, de ses propres représentations qu'il considère « comme un résidu non maîtrisable et pas comme un facteur de son travail »[183]. La façon dont Popper décrit le travail du savant est à cet égard significative :

« Le scientifique, que j'appellerai S ni ne connaît ni ne croit. Que fait-il ? Je donnerai une liste brève :

S essaie de comprendre p

S essaie de concevoir des alternatives à p

S essaie de concevoir des critiques de p

S essaie d'axiomatiser p

S propose un test expérimental pour p

S essaie de dériver p de q

S essaie de montrer que p n'est pas dérivable de q

(...) On pourrait encore allonger cette liste. Elle est très éloignée par son caractère de S croit que p ou de S sait que p ou même de S doute de p »[184].

Comme on le voit, tous les actes de pensée s'appliquent ici à des objets du troisième monde, à des propositions ou théories considérées en elles-mêmes. D'où la métaphore, récurrente chez Popper, du « bâtisseur de cathédrales ». Faire de la science ce n'est pas chercher directement à augmenter ou à modifier ses connaissances (au sens subjectif du terme : ses croyances) ; c'est contribuer, tel un bâtisseur, à l'édification d'un ensemble théorique extérieur au sujet lui-même, participer au développement d'une connaissance dont le sujet n'est pas le porteur. Ainsi, dans l'activité scientifique l'esprit devient-il pleinement ce qu'il est vraiment d'un point de vue biologique : non pas un sens interne, un ensemble d'états mentaux et de croyances, mais un organe fait pour produire et manipuler des théories logiques objectives.

Au savant qui tente de participer à l'accroissement des connaissances, à l'élève qui tente de se réapproprier une connaissance scientifique déjà produite, il n'est donc pas demandé de modifier leurs croyances ou

---

[183] R. Bouveresse, *Karl Popper ou le rationalisme critique*, *op. cit*, p. 82.
[184] *CO*, p. 226.

leurs « représentations », comme disent les pédagogues contemporains, mais d'établir une préférence « critique » en faveur d'une théorie en concurrence avec d'autres théories. Une préférence « critique » c'est-à-dire, au sens poppérien du terme, une préférence établie sur la seule considération des propriétés logiques des hypothèses en concurrence, indépendamment des états mentaux et des croyances qui les accompagnent. Le conflit générateur d'apprentissage, dans ce cas, n'est pas le « conflit cognitif » des psychologues constructivistes, opposant des représentations du réel internes au sujet, des croyances, mais un « conflit critique » mettant en concurrence des théories, des objets symboliques extra mentaux. Ce conflit a non seulement pour condition que les pensées aient été préalablement formulées, linguistiquement objectivées sous forme de « théories », mais aussi que le sujet considère ces théories (les anciennes et les nouvelles), non comme l'expression de croyances, d'états subjectifs internes, mais comme des objets logiques autonomes susceptibles d'être publiquement évalués sur la base de leurs propriétés logiques objectives. Selon ce point de vue, par conséquent, toute acquisition de connaissance scientifique (production de nouvelles connaissances ou assimilation de connaissances déjà produites) passe nécessairement par l'établissement d'un certain rapport du sujet (savant ou élève) à l'univers symbolique, par le développement de sa capacité à traiter les objets qu'il renferme comme des réalités logiques pouvant être comprises, manipulées, évaluées et critiquées indépendamment de leur signification psychologique.

Les conséquences pédagogiques de ces analyses, appartenant à la dernière période de la philosophie poppérienne, se laissent clairement apercevoir, quoique Popper lui-même n'ait pas jugé utile de les développer. Si l'esprit humain est bien un « organe fait pour interagir avec les objets du monde 3 », il s'ensuit que la formation intellectuelle d'un élève, son éducation aux formes supérieures de pensée, requiert le développement systématique de son aptitude à faire porter son attention et son activité psychique, non plus sur des objets physiques ou des états mentaux (croyances, représentations), mais sur des pensées objectivées (propositions, théories, arguments…) envisagées en tant que telles, dans leur réalité logique propre. Par le développement, en d'autres termes, de sa capacité à considérer les pensées (les siennes, celles des autres, celles qu'on lui présente dans le cadre d'un enseignement) comme des objets symboliques autonomes, détachés de leur porteur organique et de ses croyances. Telle serait la conception générale de l'école qui se tire de l'analyse poppérienne de l'esprit : celle d'un lieu spécifiquement aménagé pour que l'enfant puisse découvrir la réalité et la consistance de l'univers symbolique, du monde autonome des pensées objectives, où son esprit puisse librement réaliser sa nature biologique d'être « un organe fait pour interagir avec les objets du monde 3 ».

Un tel rapport au monde symbolique, qui envisage celui-ci comme un univers *réel*, nous semble caractéristique de cette activité qu'on appelle communément l'*étude*, en tant qu'elle se distingue du simple *apprentissage*. Alors que la notion d'apprentissage désigne ordinairement une activité visant à intérioriser et à mémoriser une connaissance, la notion d'« étude », quant à elle, implique l'idée que le savoir étudié est considéré par le sujet à la façon d'un *objet* extérieur dont on examine les propriétés (il est significatif à cet égard que le verbe « étudier », à la différence du verbe « apprendre », admette comme complément aussi bien des objets physiques – « étudier les plantes » – que des objets théoriques – « étudier la botanique » –). Le processus dans ce cas vise l'acquisition progressive d'une forme de familiarité avec un objet théorique (théorie, doctrine etc.) considéré à la façon d'une « chose » extérieure et non une quelconque intériorisation, une quelconque implantation subjective du savoir objectif. Contrairement à ce que laisse penser la théorie de l'esprit-seau, en effet, l'appropriation d'un élément de connaissance objective n'a rien d'une intériorisation, d'un passage de l'extérieur à l'intérieur, de l'objectif au subjectif. La connaissance objective même une fois comprise et assimilée par le sujet lui reste extérieure au même titre qu'un objet physique une fois que celui-ci a appris à le connaître et à le manipuler. De là notre suggestion, pour caractériser ce processus pédagogique, de recourir à la notion « d'étude », plus apte à exprimer cette extériorité de l'objet intellectuel par rapport au sujet que la notion d'apprentissage. L'esprit étant un organe « fait pour manipuler les objets du monde 3 », nous dirons donc que sa formation à la pensée critique passe par ce qu'on peut appeler une « pédagogie de l'étude ». C'est-à-dire par une pédagogie moins préoccupée de convertir, de redresser des croyances et de modifier l'univers mental du sujet, comme se le proposent communément les pédagogies de l'apprentissage, traditionnelles ou novatrices, que de lui faire acquérir une forme de familiarité et d'aisance manipulatoire à l'égard des objets peuplant le « monde 3 » de la connaissance objective.

Ces conclusions, comme celles du chapitre précédent, découlent principalement de l'analyse, d'inspiration biologique et néo darwinienne, que Popper propose de l'origine et de la nature des activités mentales supérieures, caractéristiques de l'esprit humain. Outre ces pages, déjà étudiées, que le philosophe consacre aux mécanismes de la pensée, il est toutefois encore d'autres passages de l'œuvre poppérienne qui présentent des implications pédagogiques importantes. Ainsi des textes où Popper envisage la question du développement de la raison dans une perspective non plus biologique ni psychologique, mais *historique*. Ces passages, comme nous allons le voir, posent la question du rôle de l'institution scolaire, s'interrogent sur sa signification au sein de la *tradition rationaliste* et de son histoire.

Chapitre 4

L'Ecole et la tradition rationaliste

La tradition rationaliste

Un aspect important de l'analyse poppérienne de l'esprit concerne le problème des conditions historiques et institutionnelles, et non plus seulement biologiques ni psychologiques, du développement de la rationalité. Il ne suffit pas en effet que l'homme soit individuellement doté de la raison et du langage pour que se développe spontanément, dans le cours de l'histoire, une pensée scientifique et rationnelle. L'apparition de celle-ci dépend d'un progrès historique collectif, d'un « cadre de pensée général » que l'individu ne peut par lui-même devancer. Le plus souvent, dans la tradition philosophique, ce passage historique de la pensée naïve à la pensée scientifique, ou de la pensée mythique à la pensée rationnelle, est conçu de façon subjectiviste et psychologiste comme le passage d'une certaine « mentalité », d'une certaine disposition mentale collective, à une autre. On passerait ainsi, en vertu d'une prétendue loi de développement nécessaire, de la mentalité primitive, animiste et prélogique, à la mentalité rationnelle, scientifique et logique (on sait comment ce genre de conception se rencontre chez Comte dans la loi « des trois états », chez Lévy Bruhl ou encore chez Piaget et Bachelard). Le point de vue poppérien est radicalement opposé à cette façon de voir les choses. La possibilité de la science, chez Popper, ne dépend aucunement d'une certaine disposition mentale du sujet, de l'existence de quelque chose comme « l'esprit scientifique » ou « l'esprit positif ». Elle ne tient en aucune façon au *mode de production* des théories, aux conditions psychologiques de leur genèse. Elle résulte exclusivement du processus de discussion critique auquel nos croyances sont soumises dès lors, qu'ayant été formulées, elles peuvent être considérées comme des objets logiques autonomes, publiquement critiquables. Les conditions de possibilité de la rationalité ne sont pas subjectives et psychologiques, mais objectives, c'est-à-dire sociales et institutionnelles. L'histoire de la raison, par conséquent, est celle des événements ayant modifié les pratiques permettant l'objectivation et la circulation des savoirs, au premier rang desquels figure bien évidemment l'invention de l'écriture, grâce à laquelle se réalise pleinement la capacité du langage humain à détacher la pensée de son porteur organique. Popper insiste également, dans le même ordre d'idée, sur l'apparition du livre et du commerce du livre, celle de l'imprimerie ou encore sur la création d'institutions telles que les académies et les bibliothèques.

Il ne faudrait toutefois pas conclure de cette analyse très objectiviste et sociologique que le sujet n'a aucune responsabilité dans l'émergence de la rationalité. Celle-ci a certes pour condition l'existence de certaines institutions et de certaines techniques, mais ces dernières ne font pas tout. Leur rôle et leurs effets sont étroitement dépendants de la façon dont les sujets les font concrètement fonctionner, les mettent en œuvre au quotidien. Or ces pratiques sociales concrètes, pour Popper, sont liées à des « traditions »[185] dont le sujet est en partie responsable, en cela qu'il peut par ses actes les perpétuer ou au contraire les laisser se perdre. Le rationalisme, en ce sens, peut être considéré comme une tradition caractérisée par une certaine pratique du langage. Celle-ci consiste à user du langage sous l'angle de ses deux fonctions supérieures, représentative et argumentative, en veillant à ne pas ramener celles-ci aux deux fonctions inférieures, expressive et communicative (comme le font « les ennemis de la raison » qui s'efforcent « de ruiner et de pervertir la fonction argumentative et sans doute aussi la fonction représentative du langage »[186]). Cette tradition commande, en d'autres termes, d'évaluer les énoncés en fonction des normes objectives de vérité et de validité issues de ces deux fonctions supérieures, sans tenir compte du fait, lié aux deux fonctions inférieures, qu'ils expriment *aussi* des états mentaux et produisent *aussi* certains effets psychologiques (elle impose, par exemple, de ne pas juger de la vérité d'une thèse en fonction des mobiles ou des intérêts de celui qui la formule, ou encore de ne pas juger de la validité d'un argument par le sentiment d'évidence et de conviction qu'il produit sur le locuteur, mais en fonction de la considération des énoncés eux-mêmes et de leurs propriétés logiques). Ce qui pourrait se résumer en disant que l'attitude rationnelle ainsi conçue consiste entièrement dans le fait de détacher les produits symboliques (théories, arguments) de leurs producteurs, dans la décision de substituer autant que possible la mise en concurrence critique des productions linguistiques, des théories et des arguments, à la lutte violente entre les sujets, les producteurs dont elles sont issues. On voit, par cette dernière remarque, que cet usage particulier du langage, par quoi se définit le rationalisme, a également chez Popper une portée éthique et politique : le pacifisme ainsi que le ralliement inconditionnel aux valeurs démocratiques et laïques de libre débat en sont les conséquences inévitables.

---

185 *CR*, p. 205.
186 *CR*, p. 205.

La clarté, valeur intellectuelle du rationalisme

La tradition rationaliste ainsi conçue est solidaire de certaines valeurs intellectuelles, au premier rang desquelles figure la *clarté* du discours. Il importe à cet égard de bien distinguer entre cette exigence authentiquement rationaliste de clarté et l'idéal faussement rationnel de *précision* du discours avec lequel on la confond parfois. L'importance que certaines traditions de pensée accordent aux mots, aux définitions, à la précision des termes etc. est liée selon Popper à l'idée fausse que toute connaissance viserait en dernière analyse à définir un concept, à répondre à une question de la forme « qu'est-ce que ? » (selon ce point de vue, par exemple, la biologie serait une tentative pour définir l'essence intemporelle de la vie, la physique celle de la matière etc.) Contre cette conception *essentialiste* de la connaissance, l'épistémologie poppérienne soutient au contraire, nous l'avons vu, que la connaissance consiste fondamentalement dans un processus de résolution de problème. Connaître c'est tenter de résoudre un problème au moyen d'une théorie et non chercher à cerner une notion au moyen d'une définition. Il s'ensuit que les questions définitionnelles se trouvent reléguées au second plan : « ce qui doit être pris au sérieux, ce sont les questions qui concernent les faits, et les affirmations sur les faits : les théories et les hypothèses ; les problèmes qu'elles résolvent ; et les problèmes qu'elles soulèvent »[187]. Pas les questions portant sur les notions et leur définition. Les concepts, il est vrai, entrent dans la formulation des théories. Mais il serait faux d'en conclure que le sens d'une théorie dépend des notions qu'elle met en œuvre. Ces dernières, selon Popper, sont analogues aux lettres qui composent un mot : bien que le mot ne puisse exister sans elles, celles-ci sont par elles-mêmes dépourvues de signification et n'entrent dans la composition du mot qu'à titre d'instrument.

L'usage rationnel du langage ne suppose par conséquent aucune attention tâtillonne à la justesse des définitions et des concepts. Ce n'est nullement la précision définitionnelle qui mesure la rationalité d'un discours (Popper fait justement remarquer à ce sujet que les savants pratiquant les sciences exactes font souvent preuve d'une grande désinvolture à l'égard des définitions. C'est au contraire dans les disciplines encore peu assurées de leur scientificité, par exemple dans certaines sciences humaines, qu'on se montre très exigent quant au respect scrupuleux des définitions). La vraie norme de la pratique rationnelle du langage, nous l'avons dit, n'est pas la précision, mais la « clarté ». La clarté d'un discours, au sens poppérien du terme, ne se définit pas par son caractère d'évidence, son pouvoir de produire un effet subjectif de certitude (rien à voir avec la clarté de l'idée « claire et distincte » chez

[187] *QI,* p. 33.

Descartes), mais au contraire par sa capacité à être *discutable*, à faire l'objet d'un contrôle critique. Pas de discours clair qui ne soit en même temps fragile, qui ne s'offre à des tentatives de réfutation. L'effort de clarté, en ce sens, n'est rien d'autre que l'effort pour rendre la question discutable par celui à qui on s'adresse (auditeurs, élèves, étudiants...), pour donner à l'interlocuteur une prise intellectuelle sur ce qui est en question. La clarté d'un énoncé, en d'autres termes, se mesure à son pouvoir de susciter cette *interaction critique* dont nous avons vu (*cf.* partie II, chapitre 3) qu'elle est la condition de l'appropriation du savoir. Ainsi un discours est-il clair, selon Popper, lorsque les mots dans lesquels il est formulé n'ont, comme il dit, « pas d'importance » et pourraient être remplacés par d'autres. Bref, lorsque le discours est pleinement transmissible, traduisible dans les mots de l'interlocuteur, et qu'il s'offre ainsi au débat. L'effort de clarification, bien entendu, requiert parfois une mise au point sur la signification des termes utilisés et donc un certain travail de précision sémantique. Celui-ci est légitime pourvu qu'il soit toujours au service de la clarté, qu'il contribue à rendre possible la discussion, et ne devienne pas une fin en soi. La recherche de la précision bien comprise n'a d'autre fin que « d'éviter les malentendus ». Elle ne peut être que relative au problème discuté, en sorte qu'« il ne faut jamais essayer d'être plus précis que ne l'exige la situation de problème »[188]. La discussion rationnelle, pour reprendre les termes de Popper, requiert donc un travail de *dialyse* (visant à établir au coup par coup des distinctions sémantiques « *ad hoc* et par bribes ») et non un travail d'*analyse* (visant des définitions achevées).

Rationalisme dogmatique et rationalisme critique

Popper attribue, de façon très classique, l'apparition de la tradition rationaliste à la pensée grecque. L'événement essentiel, qui en constitue l'acte fondateur, réside à ses yeux dans la décision des premiers physiciens ioniens, tel Thalès, de ne plus transmettre les doctrines cosmologiques sous forme de dogmes devant être assimilés par les disciples (comme dans l'école pythagoricienne) mais sous forme d'hypothèses, en mettant leurs élèves au défi de les réfuter ou d'en trouver de meilleures, en provoquant leur activité critique à l'encontre même du savoir qu'il s'agit de transmettre. Ainsi Popper relie-t-il étroitement les débuts de la tradition rationaliste à la mise en place de la transmission proprement « scolaire » des connaissances (par opposition à leur transmission dogmatique et « initiatique »). Le rationalisme et ses valeurs sont solidaires d'une certaine conception de l'action pédagogique, caractéristique de l'idée moderne d'Ecole, selon laquelle le but de l'enseignement n'est pas la

---

188 *QI*, p. 40.

répétition du savoir passé, mais son prolongement, sa réappropriation critique par le sujet.

La tradition rationaliste, d'une manière générale, se caractérise donc par un rejet du principe d'autorité. La critique de l'autoritarisme, la revendication d'un droit souverain de libre examen constituent ainsi le point commun qui unit tous les penseurs appartenant à cette tradition – qu'ils soient empiristes comme Bacon, ou intellectualistes, comme Descartes, ou qu'ils essaient de dépasser cette opposition, comme Kant –. Selon Popper, toutefois, il manque au rationalisme classique d'être allé jusqu'au bout de cette critique. Celui-ci s'est en quelque sorte arrêté à mi chemin et n'a pas totalement rompu avec l'autoritarisme. Chez tous les penseurs que nous venons de citer, en effet, cette critique s'adresse à l'autorité émanant d'une instance *extérieure* au sujet : celle de l'opinion, de la tradition, de la révélation religieuse etc. Son principe général est d'opposer l'assentiment contraint que suscite la parole d'autrui à l'assentiment prétendument libre que produirait une instance cette fois-ci *intérieure* au sujet, qu'il s'agisse de l'évidence sensible, pour un empiriste comme Bacon, ou de l'évidence intellectuelle de l'idée claire et distincte chez Descartes par exemple. Ainsi, pour Popper, le rationalisme classique – quelles qu'en aient été historiquement, en particulier dans la pensée des Lumières, les retombées positives – s'en est tenu à un *déplacement* du principe d'autorité et n'a pas réussi à s'en affranchir, puisqu'il s'agit toujours, en définitive, de croire, de soumettre le pouvoir critique de la raison à l'existence d'un indiscutable, bref d'un dogme. En d'autres termes, tant que la connaissance reste pensée comme une forme de croyance (fondée, certaine), c'est-à-dire comme un certain état mental, un fait psychologique, la rupture entre la connaissance rationnelle et la croyance, religieuse ou autre, est condamnée à n'être qu'imparfaitement réalisée. Une philosophie de la croyance reste forcément empreinte de dogmatisme, quelle que soit la profondeur et la sincérité de son inspiration rationaliste.

Aussi Popper présente-t-il sa propre philosophie – le rationalisme critique – comme une tentative pour réaliser pleinement l'idéal de libre pensée inscrit dès le départ dans la tradition rationaliste, idéal que les penseurs classiques n'auraient, quant à eux, que réalisé à moitié. En distinguant clairement la connaissance subjective de la connaissance objective, l'épistémologie poppérienne rompt totalement le lien entre savoir et croyance. Elle sécularise intégralement la connaissance, l'affranchit totalement de ses rapports avec la croyance religieuse. Tel que le conçoit Popper, le savoir ne s'oppose pas à la foi comme la croyance rationnellement fondée, appuyée sur des preuves objectives, s'oppose à la croyance irrationnelle, appuyée sur le sentiment intérieur : le savoir *n*'est tout simplement *pas* une forme de croyance, mais une connaissance « objective », une connaissance dont le sujet n'est pas le porteur. La raison, quant à elle, n'est pas davantage une instance de fondement, capable de produire des certitudes comparables en intensité à celles que procure la foi religieuse, susceptibles de les *concurrencer* (l'ambition des penseurs rationalistes classiques de *concurrencer* la foi religieuse explique en partie, selon Popper, leur incapacité à distinguer clairement foi et savoir, leur tendance à penser le savoir comme une forme particulière – « rationnelle », « fondée » – de croyance). Le rationalisme poppérien fait de la raison une instance purement critique, un pouvoir de contrôle qui ne s'exerce pas sur des croyances, sur des états mentaux, mais sur de la connaissance objective, sur des propositions explicitement formulées.

Comme Popper le souligne lui-même, ces vues renouent avec la conception que les premiers sceptiques grecs proposaient de la raison. Le faculté de penser ainsi conçue n'est rien d'autre qu'un pouvoir critique, une force dissolvante incapable de rien fonder. Les effets n'en sont pas d'ordre psychologique, mais purement logique : l'argumentation sceptique a pour caractéristique de s'en prendre exclusivement aux énoncés, à ce qui est dit et non à celui qui le dit. En l'avançant, le sceptique ne prétend par conséquent exercer aucun pouvoir, aucune autorité sur le sujet. Son but est uniquement d'entraîner son interlocuteur dans le jeu logique, potentiellement sans fin, des objections et des réponses et nullement de l'amener à adopter de nouvelles croyances, ni même à le faire douter de ses propres certitudes. Seules sont visées les propositions considérées dans leur réalité autonome, déconnectées de leur porteur et des croyances qui les accompagnent. L'inspiration originellement anti autoritaire du rationalisme, à l'inverse, se perd dès lors qu'on reproche à cette pratique sceptique de la discussion d'être un jeu vain et formel (*cf.* par exemple Platon dans *l'Euthydème*), dès lors qu'on exige de la raison qu'elle exerce un pouvoir psychologique sur le sujet, qu'elle rectifie ses croyances et lui impose de nouvelles certitudes.

A cette confusion du logique et du psychologique, sur laquelle repose l'usage dogmatique et autoritaire de la raison, le rationalisme critique oppose une rigoureuse séparation, déjà entrevue par les premiers sceptiques, des deux domaines. Cette séparation n'exige pas, ce qui serait bien évidemment impossible, que les conclusions tirées d'une argumentation rationnelle soient dépourvues d'effets psychologiques sur le sujet. Il n'y a naturellement rien à redire, d'un point de vue logique, au fait que celles-ci nous amènent fréquemment (mais pas nécessairement) à modifier les croyances qui guident nos conduites, voire parfois notre rapport au monde le plus intime. La confusion, en revanche, se produit toutes les fois que la considération de ces phénomènes psychologiques, qui ne sont que des effets possibles de l'argumentation, intervient dans l'argumentation elle-même (par exemple lorsqu'un état mental tel que la certitude ou le doute est invoqué comme une raison permettant de justifier ou d'infirmer une proposition) ou encore, ce qui revient au même, toutes les fois qu'on voit dans l'obtention de ces états mentaux, non de simples effets, mais les fins mêmes du processus argumentatif. La vraie fonction de l'argumentation, une fois dissipée la confusion psychologiste, n'est pourtant pas de produire une certitude ou un quelconque état mental mais ce que Popper appelle une « préférence critique », c'est-à-dire une préférence résultant d'une comparaison entre les propriétés logiques de plusieurs théories en concurrence pour la solution d'un même problème. Ainsi conçu, le processus argumentatif obéit à ses propres critères logiques autonomes, indépendants des dispositions psychologiques du sujet, comme on le voit, par exemple, lorsqu'un scientifique est logiquement amené à critiquer une proposition quoique celle-ci ne suscite néanmoins chez lui aucun doute (*cf.* partie II, chapitre 4).

L'opposition du rationalisme critique au rationalisme dogmatique classique ne tient donc pas, d'une manière générale, à que Popper refuserait d'accorder à la raison un pouvoir, celui d'établir des certitudes, que lui attribuaient quant à eux les philosophes classiques. Le rationalisme poppérien ne rejette pas seulement cette capacité mais l'idée même qu'elle doive appartenir en quelque façon à la raison. Dans l'impossibilité de parvenir à la certitude Popper ne voit nullement un manque, un défaut constitutif de notre entendement, mais l'indice que la connaissance rationnelle, dont la science nous offre la réalisation exemplaire, n'a rien d'une forme particulière de croyance, que la coupure entre la foi et le savoir est en définitive beaucoup plus profonde et radicale que ne l'ont cru les représentants du rationalisme classique.

L'idée laïque et la tradition rationaliste

Cette distinction du rationalisme dogmatique et du rationalisme critique n'est pas sans conséquences pour la pensée de l'éducation quoique ces implications, une fois encore, n'aient pas été développées par Popper lui-même. D'un côté, en effet, la conception classique de l'école laïque est fortement marquée par la tradition rationaliste et anti autoritaire, comme en témoigne le souci, constamment présent chez ses théoriciens, de distinguer rigoureusement entre l'enseignement proprement dit, compris comme la transmission d'un système de connaissances rationnelles, et l'imposition, autoritaire ou manipulatoire, d'un ensemble de croyances. L'instruction, pour reprendre la formule classique de Condorcet, doit se borner à « l'exposition raisonnée des vérités de fait ou de calcul »[189], à l'exclusion de toute opinion. D'un autre côté, cependant, il est clair que ce rationalisme scolaire en reste ordinairement au niveau dogmatique et n'accède pas au point de vue critique, au sens poppérien du terme. Le savoir qu'il faut transmettre à l'élève est conçu comme un ensemble de certitudes, de croyances indiscutables car « rationnellement fondées », et non comme un ensemble de propositions ayant fait l'objet, au terme d'un processus de comparaison logique avec d'autres objets théoriques, d'une préférence critique. De là la persistance, au sein de cette conception classique et laïque de l'enseignement pourtant d'inspiration rationaliste et anti autoritaire, d'une forme d'autoritarisme. Les contenus de connaissance, il est vrai, ne sont pas introduits de l'extérieur, à la façon d'opinions qu'il faudrait suivre aveuglément. Pour les établir il est fait appel, au contraire, à la raison et au jugement personnel de l'élève. Cependant ce qu'on sollicite ainsi ce n'est pas une activité de contrôle et de libre examen, de dépistage de l'erreur, mais une autorité dont on attend qu'elle contraigne, de l'intérieur, le sujet à se soumettre à l'évidence du vrai. Il s'agit toujours, en dernière analyse, d'imposer des certitudes, d'amener à reconnaître un indiscutable qui mette fin à l'exercice critique de la pensée.

Quoiqu'elle soit une création de la tradition rationaliste, l'Ecole, dans sa forme classique, ne traduit donc que très imparfaitement l'inspiration anti autoritaire dont cette tradition est porteuse. De là les critiques récurrentes de Popper, y compris durant sa carrière philosophique, à l'encontre de l'enseignement traditionnel et ses appels répétés à une réforme des pratiques pédagogiques. Cette pédagogie réformée, réellement conforme à l'esprit de la tradition rationaliste, ne peut cependant être cherchée, comme l'avait cru initialement le jeune étudiant viennois, dans les théories des *Schulreformer* autrichiens des années 1920 ni plus généralement dans le courant des « pédagogies nouvelles » dont l'*Arbeitspädagogik* est issue. Les pédagogies dites « novatrices », le plus souvent, reposent sur une conception inductiviste de l'apprentissage que Popper, nous l'avons vu, rejette radicalement. Ce n'est certes pas en écoutant passivement un maître que l'élève peut acquérir du savoir, mais ce n'est pas non plus en observant par soi-même des « faits » ni en induisant à partir d'une quelconque « situation ». Il est par ailleurs illusoire de croire qu'il suffit, pour s'affranchir de l'autoritarisme, de confier à l'élève la production de son propre savoir. Le caractère autoritaire d'un enseignement, en effet, dépend moins de la façon dont l'élève acquiert ses connaissances, selon qu'il les produit par lui-même ou qu'il les reçoit d'un maître, que du rapport qu'il entretient avec celles-ci. Il y a dogmatisme, selon Popper, dès lors que le savoir a la figure de l'indiscutable et qu'il prétend

[189] Condorcet, *Cinq Mémoires sur l'Instruction publique*, premier mémoire.

s'imposer immédiatement à l'esprit par la force de son évidence intrinsèque. Toutes les fois, en d'autres termes, que son acceptation par le sujet ne résulte pas d'un libre processus de mise à l'épreuve, d'un contrôle critique. Or rien ne garantit que ce rapport critique au savoir soit plus facile à instaurer à l'égard des connaissances dont nous sommes nous-mêmes les auteurs. Non, certes, que l'auto critique soit impossible, mais il est clair qu'elle requiert autant, sinon plus d'efforts que la critique d'une connaissance vis-à-vis de laquelle nous avons d'emblée un rapport d'extériorité. Ainsi le principal mérite des réformateurs, en définitive, réside-t-il plus dans leur rejet justifié de l'enseignement traditionnel et de ses méthodes autoritaires que dans les solutions qu'ils proposent. Celles-ci, en dépit de leur radicalité apparente, ne donnent pas réellement les moyens d'échapper à l'emprise du dogmatisme, ni par conséquent la possibilité d'accomplir le projet libérateur dont l'institution scolaire, selon Popper, est historiquement porteuse.

Cette conception autoritaire et dogmatique de la rationalité, commune aux pédagogies traditionnelles et à la plupart des pédagogies « progressistes », est particulièrement perceptible dans le domaine de l'enseignement scientifique. Les théories enseignées, en effet, n'y sont généralement pas présentées à la façon de connaissances « objectives » au sens poppérien du terme, c'est-à-dire comme des réalités intellectuelles autonomes devant faire l'objet d'une évaluation logique, d'une discussion critique conduisant à établir une « préférence », mais comme des connaissances subjectives, des représentations mentales, dont la particularité serait d'être appuyées sur des preuves certaines. Aussi attend-t-on ordinairement de l'élève qu'il asserte le contenu de l'enseignement à la façon d'une croyance, en raison de faits supposés la confirmer, et non à la façon d'un objet du monde 3, au terme d'une comparaison avec d'autres objets théoriques en concurrence. De là la tendance, chez la plupart des professeurs de science, à ne proposer aux élèves (ou à ne leur faire découvrir par eux-mêmes, peu importe) *que* les preuves directes, le plus souvent inductives, parlant en faveur des théories qu'ils veulent leur faire acquérir, sans s'attarder à discuter les objections que ces théories peuvent rencontrer ni à comparer celles-ci aux explications alternatives proposées par des théories concurrentes. Cette façon usuelle de procéder encourt, d'un point de vue poppérien, un double reproche. Celui, d'une part, de transmettre aux élèves une idée fausse et dogmatique de la science, laissant croire que la scientificité d'une théorie tient simplement à la présence d'une confirmation empirique, alors qu'elle réside entièrement dans le processus de discussion critique qui a conditionné son acceptation (Popper remarque, à ce sujet, que la proposition « tous les cygnes sont blancs », qui n'a jamais fait l'objet d'une discussion théorique, n'a aucun caractère scientifique bien qu'elle soit largement attestée par l'expérience). Celui, d'autre part, de ne contribuer qu'illusoirement à l'émancipation intellectuelle de l'élève. Il importe finalement peu, en effet, que les moyens utilisés par les professeurs pour amener ce dernier à croire soient d'ordre rationnel. Dès lors qu'il s'agit d'imposer des certitudes, l'objectif prioritaire est toujours de susciter une adhésion, une croyance, bref de « convertir », et non de solliciter une authentique démarche critique. (On peut même craindre qu'en habituant ainsi les jeunes esprits à n'admettre que ce qui est prouvé et certain – et non ce qui a été discuté et « préféré » – on ne les préserve qu'illusoirement de l'obscurantisme, l'évidence des faits à laquelle on fait appel pour les convaincre de la valeur de la science pouvant très bien leur parler un jour, dans d'autres circonstances, avec autant et parfois plus de force en faveur des pires superstitions). Conçu à la façon d'un prêche rationaliste, d'une action visant à substituer des croyances vraies et fondées aux illusions du sens commun, l'enseignement reste imparfaitement affranchi de toute dimension autoritaire et, finalement, religieuse.

On peut dire, en ce sens, que la caractéristique essentielle d'une pédagogie authentiquement critique serait d'être « *laïque* » en un sens particulièrement radical. L'Ecole laïque de la tradition rationaliste, il est vrai, se fait une obligation de ne transmettre que des savoirs et non des croyances. Toutefois, nous l'avons déjà souligné, ce qui distingue pour Popper le savoir de la croyance, religieuse ou pas, ce n'est pas son caractère « certain » ou « prouvé », mais le fait qu'il n'est pas *du tout* une croyance, en ce sens qu'il ne désigne pas un certain état mental, mais un objet logique, un ensemble de propositions linguistiquement formulées. Transmettre un savoir, par conséquent, c'est tout autre chose que convaincre quelqu'un au moyen de preuves et d'arguments irréfutables, tout autre chose que produire un certain effet psychologique sur lui. Enseigner telle ou telle théorie ou principe scientifique, par exemple la dynamique newtonienne, ce n'est donc pas faire entrer l'élève dans un certain « état d'esprit » newtonien, ni changer ses croyances ou ses « représentations » (modifier son rapport vécu, personnel, aux phénomènes d'interaction dynamique, tels que chocs, tractions, pressions etc.) C'est l'amener à saisir les propriétés de certaines entités symboliques (les trois « lois du mouvement » énoncées au premier livre des *Principia*) en explorant déductivement et en évaluant de façon critique leurs conséquences logiques. C'est le faire procéder, pour reprendre l'expression de Popper, à une « manipulation critique d'objets du monde 3 » et non l'entrainer dans une quelconque aventure personnelle. Il peut se faire, sans doute, que cette activité s'accompagne, dans l'esprit de celui qui apprend, de certaines modifications psychologiques, qu'elle entraîne à terme un changement de « vision des choses », un changement de « croyances ». Cependant ces phénomènes psychologiques n'interviennent pas de façon constitutive dans les actes intellectuels par lesquels cette manipulation s'effectue. Ils ne constituent, selon le point de vue poppérien, que de simples effets d'accompagnement contingents et privés. On voit donc en quel sens une pédagogie issue des principes du rationalisme critique pourrait être dite radicalement et authentiquement « laïque » : en ce sens qu'elle détacherait totalement la transmission des savoirs de toute entreprise de prise en charge des croyances du sujet, de toute intrusion dans son univers mental privé. Une telle pédagogie, en d'autres termes, accomplirait pleinement la rupture entre l'enseignement et la prédication religieuse, entre le savoir et la foi. Rupture à laquelle tend par principe l'école laïque de la tradition rationaliste mais qu'elle ne réalise, nous l'avons vu, que très imparfaitement.

Conclusion

Rationalisme critique et pédagogie

Le monde « deux et demi » de la réflexion pédagogique

Revenons une dernière fois, au terme de cette étude, sur l'intérêt que la lecture de Popper peut présenter pour la pensée contemporaine de l'éducation. L'un des traits les plus originaux de la philosophie poppérienne est de proposer une théorie qui, tout en établissant une stricte séparation ontologique entre les réalités du monde 3 (les objets de savoir) et celles du monde 2 (les processus psychologiques), n'interdise cependant aucunement de concevoir leur interaction et leur dépendance mutuelles. La philosophie de Popper, pour reprendre une formule heureuse de Pascal Engel, rend possible la conception d'un « monde 2 et demi »[190], c'est-à-dire d'un espace théorique où l'interaction entre le sujet psychologique et ses propriétés naturelles, d'une part, et l'univers du savoir objectif et de ses propriétés normatives, d'autre part, est pensable et peut devenir un objet d'étude à part entière. Cet espace théorique, croyons-nous, est précisément celui que la pensée pédagogique contemporaine requiert comme fondement. Sans lui, en effet, la réflexion sur l'éducation se trouve immanquablement prise dans une alternative ruineuse imposant de choisir entre, d'un côté, ce qu'on peut appeler l'intérêt « philosophique » pour les objets de connaissance et, de l'autre, la prise en compte « psychologique » du sujet apprenant. Ou, si l'on préfère, entre une approche purement normative et épistémologique centrée sur le savoir et ses propriétés objectives (sur le monde 3) et, à l'inverse, une approche naturaliste et psychologique, centrée sur l'élève, ses besoins et ses processus mentaux (sur le monde 2).

Il n'est guère besoin d'insister sur l'impossibilité d'aboutir à une authentique réflexion pédagogique en partant de la première branche de l'alternative, soit de l'approche en termes exclusifs de savoir et d'objets de connaissance. Un tel point de vue conduit inévitablement ou bien à se désintéresser purement et simplement de la question (à « s'occuper de ce qui est connu en ignorant le comment de la connaissance »[191], comme le dit P. Engel à propos de Frege), ou bien à assimiler purement et simplement les conditions de l'appropriation

[190] P. Engel, *Psychologie et philosophie*, Folio Essais, 1996, p. 111-124.
[191] P. Engel, *op. cit.*, p. 113.

du savoir par le sujet à des conditions de nature strictement logique et objective. Ce qui revient à supposer une co-naturalité métaphysique du vrai et de l'esprit, une capacité native de la pensée à saisir et à refléter les structures logiques des objets idéaux qui s'offrent à sa contemplation. Comme le note avec raison B. Rey dans un texte déjà cité, le vieux mythe platonicien du « monde des idées » sous-tend, explicitement ou implicitement, la plupart des conceptions de l'enseignement qui d'une façon ou d'une autre esquive la question pédagogique[192]. Le savoir à transmettre, dans ce cas, est présumé posséder une vérité et une évidence intrinsèques par lesquelles il a le pouvoir de s'imposer à l'esprit de l'élève, pour peu que le maître parvienne à rendre celles-ci manifestes et que l'élève, de son côté, se montre suffisamment « attentif » à ce qui est ainsi manifesté. Le savoir-faire pédagogique, si l'on peut encore parler ici de pédagogie, se confond alors avec la maîtrise logique des contenus, tout juste complétée par le degré d'habileté rhétorique nécessaire pour susciter et maintenir l'attention de l'auditoire.

La pensée contemporaine de l'éducation s'est construite en grande partie contre cette mise à l'écart du sujet, en contestant avec raison l'idée selon laquelle les propriétés logiques des objets de connaissances suffiraient à expliquer l'acte psychologique par lequel l'esprit s'en saisit. Les analyses poppériennes, nous l'avons vu, rejoignent ces conclusions critiques. Popper ne cesse de souligner que le monde des objets de savoir ne nous instruit pas en se donnant à contempler, qu'il n'y a ni évidence ni un prétendu « œil de l'esprit » permettant d'assimiler l'activité cognitive à une forme quelconque de vision intellectuelle passive. De là son rejet des méthodes d'enseignement qui reposent sur une telle conception du savoir et de sa relation au sujet, c'est-à-dire, en gros, des méthodes traditionnelles. L'esprit, tel que le conçoit Popper, n'est pas une entité métaphysique destinée à refléter les objets intelligibles, mais un « organe » dont la finalité biologique première est d'interagir critiquement avec eux. Il est vain, par conséquent, de prétendre l'instruire au moyen d'exposés magistraux construits pour « donner à voir » clairement et distinctement la connaissance, pour exhiber méthodiquement devant un sujet supposé « attentif » tel ou tel système de propositions. Parce qu'elles reposent sur une méconnaissance profonde de la nature de l'esprit, de telles pratiques sont vouées à l'échec et ne peuvent que susciter l'ennui de ceux à qui elles s'adressent. C'est ainsi, déplore Popper, que dans la plupart des écoles on s'emploie absurdement à « submerger les enfants de réponses à

[192] *Les compétences transversales en question*, ESF, 1996, p. 44.

des questions qu'ils n'ont pas posées alors qu'on n'écoute pas les questions qu'ils posent »[193].

La seconde branche de l'alternative que nous évoquions à l'instant, l'approche « centrée sur l'élève » dont se réclament la plupart des pédagogies dites « nouvelles », n'encourt bien évidemment pas de tels reproches. Elle n'en demeure pas moins, elle aussi, incapable de fournir une base solide à la réflexion pédagogique. La considération d'une interaction entre le sujet et le savoir objectif, correspondant à ce monde « deux et demi » dont parle P. Engel, s'y trouve une fois encore exclue. Non certes par la disparition du pôle subjectif, comme précédemment, mais à l'inverse par celle du pôle objectif. Telle qu'on la conçoit ordinairement en effet, la « centration sur l'apprenant » entraîne une critique radicale de la conception réaliste et objectiviste du savoir. Le renouveau pédagogique, pense-t-on, passe nécessairement par le rejet de la notion platonicienne de monde intelligible, par l'idée que les objets symboliques, bien loin de posséder une réalité autonome préexistant à l'activité du sujet, ne font que transcrire un ensemble de processus et d'états mentaux subjectifs. De là la promotion de pratiques pédagogiques « non transmissives » qui encouragent prioritairement l'interaction de l'élève avec le réel (avec le monde 1) ou avec d'autres sujets (avec le monde 2), mais ne disent rien ou pas grand-chose de son rapport avec le monde de la connaissance objective. On peut même dire que tout l'effort d'innovation a consisté à faire en sorte que l'élève soit le moins possible mis en rapport avec ce dernier, qu'il soit placé le plus fréquemment possible en position artificielle de reconstruire individuellement ou collectivement la connaissance, comme s'il venait à naître dans un univers privé de tout savoir objectivé. Au lieu de chercher à repenser la nature de la connaissance objective et de son rapport au sujet (ce que fait justement Popper), la pensée pédagogique contemporaine a tout simplement cherché à la mettre en quelque sorte « hors circuit ».

Au regard de l'épistémologie poppérienne, telle qu'elle ressort de l'œuvre de la maturité, cette conception de la pédagogie présente les trois défauts majeurs d'être tout à la fois subjectiviste, inductiviste et psychologiste. Subjectiviste, puisqu'elle fait de l'expérience individuelle vécue, éventuellement suivie d'une « mise en commun » et d'une « discussion collective », la modalité privilégiée d'accès à la connaissance ; inductiviste, puisqu'elle exige le plus souvent de l'élève qu'il tire la connaissance d'une situation empirique ; psychologiste, enfin, puisqu'elle conduit à une pédagogie dominée par une approche exclusivement mentaliste du problème de l'apprentissage, au sens strict du terme à une « psycho-pédagogie ». Cette orientation ne répond pas,

---

[193] « Symposium organisé à l'occasion du quatre-vingtième anniversaire de Karl R. Popper, première journée : la science et l'hypothèse », *L'avenir est ouvert*, Flammarion, 1995, p. 63.

par ailleurs, aux attentes suscitées par la critique de la pédagogie traditionnelle. Bien qu'elle bouleverse de façon spectaculaire les pratiques de classe usuelles, elle n'en réédite pas moins, sous une autre forme, la plupart des défauts de l'ancien système. L'affranchissement à l'égard de l'autoritarisme et du dogmatisme, en particulier, s'avère pour l'essentiel illusoire. Du point de vue poppérien, en effet, il importe finalement peu que l'élève effectue ses apprentissages au moyen d'expériences vécues plutôt que d'avoir recours à des connaissances objectives déjà produites par d'autres. Le dogmatisme en l'occurrence ne tient pas au mode d'acquisition du savoir, mais à la relation que le sujet entretient avec celui-ci. Or rien n'indique que cette relation soit en quelque façon modifiée par l'introduction des pédagogies dites « non transmissives ». Le dogmatisme persiste dès lors que l'objectif ultime poursuivi par ces dernières, tout comme dans les pédagogies traditionnelles, reste d'amener l'élève à *croire*. Lorsqu'il s'agit une fois encore de susciter son adhésion à une croyance supposée « vraie » et rationnellement « fondée » et non de le conduire à élire problématiquement et provisoirement une théorie au terme d'une enquête critique. Seuls les moyens de produire un tel effet psychologique, une telle « conversion », sont alors modifiés, les procédés classiques d'inculcation directe ayant été remplacés par des méthodes indirectes de type manipulatoire. Tout comme les techniques non autoritaires de gestion de classe peuvent donner lieu à une insidieuse « barbarie douce »[194], les modèles d'enseignement non transmissifs peuvent engendrer une forme de « crypto-dogmatisme » non moins trompeur.

A la différence des théories qui viennent d'être évoquées à l'instant, la critique poppérienne de la pédagogie traditionnelle ne consiste pas à remettre en cause l'existence même d'un « monde intelligible », d'un univers de connaissances objectivées doué d'une réalité autonome. Elle invite en revanche à repenser radicalement la conception qu'en propose ordinairement la tradition philosophique ainsi que les pratiques d'enseignement qui en découlent. Le « monde 3 » n'est pas constitué de vérités et d'évidences qui s'offriraient à la vue de l'esprit, pourvu que celui-ci se montre attentif et qu'il soit purgé de ses préjugés. Les objets qui le composent sont des théories (forcément fausses), des arguments et, surtout, les problèmes imprévisibles que ceux-ci engendrent dès lors qu'une fois formulés ils échappent à leur auteur. Aussi l'esprit n'entre-t-il pas en relation avec cet univers sur le mode de la contemplation passive. Pas plus qu'on n'apprend une langue en l'entendant parler, mais en tentant de participer activement aux échanges linguistiques en cours, nous ne pouvons comprendre le monde 3 qu'en interagissant avec lui, c'est-à-dire en participant activement aux débats qu'il

194 L'expression est de J.M. Le Goff, *La barbarie douce*, La découverte, 2000.

nous propose. La relation du monde intelligible à l'esprit, nous l'avons vu, est fréquemment présentée par Popper comme une relation de « défi » mutuel où chacune des deux instances tente d'exercer sur l'autre un contrôle sélectif : les théories du monde 3 sélectionnent nos croyances et inversement nous sélectionnons les théories du monde 3 en les soumettant à un contrôle critique. Entrer en rapport avec le monde 3, par conséquent, ce n'est pas se laisser dicter passivement ses opinions, se soumettre docilement à l'autorité d'un savoir reconnu et constitué qui nous « illuminerait » de l'intérieur. La modalité fondamentale de notre rapport à la connaissance objective est celle de l'évaluation critique. Nous ne saisissons les objets du monde trois qu'en les soumettant à des procédures de contrôle, qu'en participant à notre tour au débat en cours. Ainsi ne comprenons-nous telle ou telle théorie qu'autant que nous nous efforçons de l'évaluer critiquement, en la rapportant au problème qu'elle est censée résoudre, en formulant des objections ou des solutions alternatives, en cherchant à dépister des failles dissimulées dans ses lointaines conséquences logiques etc. A aucun moment la connaissance objective ne s'impose par l'effet d'une quelconque évidence intrinsèque, nous ne l'acceptons jamais que « faute de mieux », parce que nous sommes provisoirement à court d'arguments critiques. La raison, telle que la conçoit Popper, est une instance exclusivement critique qui ne commande aucune adhésion, ne donne à proprement parler aucune leçon, ne délivre aucun contenu de connaissance.

La philosophie poppérienne, on le voit, permet une approche théorique des questions pédagogiques tout aussi distante de l'essentialisme qui sous-tend les pratiques traditionnelles que des conclusions psychologistes auxquelles conduisent la plupart des pédagogies novatrices. D'un côté, Popper rejette résolument l'approche mentaliste issue de la psychologie constructiviste : les objets de connaissance forment un « monde » qui possède une existence extra mentale et des propriétés logiques autonomes. Ce monde symbolique qui surplombe le sujet, le devance et le dépasse, ne peut être subjectivement reconstruit, ni individuellement ni même collectivement. Aussi doit-il être effectivement « transmis », au sens où il doit être soumis de l'extérieur à l'élève, à la façon d'un élément étranger. D'un autre côté, cependant, cette « transmission », si l'on peut encore la nommer ainsi, n'a rien de « magistral » : elle ne consiste nullement à présenter le vrai dans sa splendeur, à exposer son évidence au regard d'esprits attentifs censés l'accueillir docilement et le refléter. La relation qui relie le sujet au monde intellectuel, nous l'avons dit, n'est pas spéculaire ou contemplative. L'esprit n'est pas davantage un « seau » ou un miroir destiné à recevoir ou à refléter la connaissance, ni la connaissance un élément qui pourrait « passer » en quelque façon de l'extérieur à l'intérieur. Les objets du monde 3 selon Popper ne nous instruisent pas en « pénétrant » dans notre esprit : ils nous « défient », au sens où ils nous proposent littéralement un combat. Nous apprenons à les connaître comme nous apprenons à connaître nos ennemis : non en les accueillant docilement, mais en luttant avec eux, en l'occurrence en cherchant à les contester, à les évaluer et à les modifier, bref à les *critiquer*. Il importe, par conséquent, que les objets de connaissances soient proposés à l'élève comme des réalités extérieures et étrangères, qu'ils lui soient en ce sens « transmis » par un enseignant (ou si l'on préfère « soumis » ou « proposés »). Non pour qu'il les accueille avec ferveur et reconnaissance, comme le voudrait la pédagogie traditionnelle, mais au contraire pour qu'il s'en défie, les suspecte et les interpelle critiquement. L'extériorité du savoir dispensé par le maître, comprise dans cette perspective non magistrale, n'est pas l'indice d'une relation autoritaire à l'élève, mais au contraire la condition pour que celui-ci puisse instaurer un rapport authentiquement critique, distancié et libérateur, au savoir.

Les conditions d'une pédagogie critique

Il ne s'agirait donc pas, pour une pédagogie qui se voudrait « poppérienne », de rejeter l'idée d'une présentation du savoir – au profit de celle de son auto-construction par l'élève – mais de réformer les modalités ordinairement dogmatiques de cette présentation. Comme le souligne Imre Lakatos (*Preuves et réfutations*, appendice 2) la plupart des formes d'exposition du savoir, répandues à la fois dans les manuels et les pratiques usuelles d'enseignement, sont solidaires de la conception autoritaire du savoir combattue par Popper. Ainsi, dans le domaine des mathématiques, de la présentation déductiviste, qu'elle soit d'inspiration euclidienne ou formaliste, ou, dans le domaine des sciences de la nature, des styles de présentation inductivistes. Qu'il s'agisse d'exposés déductifs commençant par une « liste précautionneuse d'axiomes, de lemmes ou de définitions »[195], suivie d'une énumération de théorèmes « soigneusement mis en mots »[196], ou à l'inverse d'exposés inductifs partant « d'une description précautionneuse du schéma expérimental, suivie de celle de l'expérience et de son résultat »[197], ces présentations linéaires du savoir font systématiquement disparaitre tout ce qui relie les connaissances scientifiques à une activité conjecturale et faillible enracinée dans une situation de problème (*problem situation*). Un tel « tour de prestidigitation »

[195] Imre Lakatos, *Preuves et réfutation, essai sur la logique de la découverte scientifique*, trad. de N. Balacheff et J.M. Laborde, Paris, Hermann, 1984, p. 183.
[196] *Ibid.*
[197] *Ibid.*, p. 184 note 2.

confère au savoir l'apparence d'une « infaillibilité sacrée »[198] en même temps qu'il rend impossible, pour l'étudiant, toute forme d'interaction critique avec les objets de connaissance. Ces derniers lui sont alors présentés comme autant de vérités nécessaires tombées du ciel, « dont il semble impossible que quiconque ait pu les inventer »[199], c'est-à-dire en définitive comme autant de vérités révélées, de dogmes inquestionnables. Ainsi le mode de présentation linéaire du savoir, qu'il soit déductif ou inductif, reste-t-il tributaire d'une conception dogmatique de la rationalité, imparfaitement affranchie de l'autoritarisme religieux. Son adoption quasi générale, conclut Lakatos, fait que « l'enseignement mathématique et scientifique actuel est le berceau de l'autoritarisme, qu'il est le pire ennemi d'une pensée indépendante et critique »[200].

L'instauration d'une pédagogie critique, conforme aux principes du rationalisme poppérien, imposerait donc, en premier lieu, de développer des modalités de présentation du savoir qui rendent possible, voire suscitent, son interpellation critique par l'élève. Ainsi Lakatos, dans le même passage, propose-t-il de remplacer les styles classiques d'exposition des connaissances, inductifs ou déductifs, par un style qu'il qualifie d'heuristique. Le « style heuristique », ainsi compris, « met en valeur la situation-problème, il souligne la 'logique' qui a donné naissance au nouveau concept »[201]. La « logique » en question ne désigne évidemment pas la logique déductive, classique ou formelle, mais la logique au sens poppérien d'une « logique de la découverte scientifique », c'est-à-dire d'une théorie du développement des connaissances par conjectures et réfutations. En parlant de cette dernière comme d'une « heuristique », toutefois, Lakatos entend se démarquer partiellement de son maître. Si Popper a conservé le vocable traditionnel de « logique », suggère-t-il, c'est peut-être faute d'avoir clairement aperçu la spécificité de sa propre démarche, son statut radicalement novateur. Il est vrai, sans doute, qu'il ne s'agit aucunement d'une psychologie de la connaissance, d'une épistémologie génétique fondée sur la seule considération du sujet et des mécanismes mentaux (comme le constructivisme piagétien par exemple). Cependant, contrairement à ce que semble parfois dire Popper lui-même, il ne s'agit pas non plus à proprement parler d'une « logique », c'est à dire d'une épistémologie rigoureusement « sans sujet connaissant » qui se tirerait de la seule analyse des théories et de leurs propriétés logiques objectives : « [Popper] n'a pas réalisé que [sa théorie de la connaissance] ne relevait ni de la psychologie, ni de la logique, mais qu'il s'agissait d'une discipline

[198] *Ibid*.,p. 184.
[199] *Ibid.*, p. 183.
[200] *Ibid.*, p. 184 note 2.
[201] *Ibid.*, p. 186.

indépendante, la logique de la découverte, l'heuristique »[202]. Lakatos, dans ce passage, nous paraît avoir pleinement saisi ce que nous avons tenté de mettre en évidence tout au long de cette étude, à savoir que la philosophie poppérienne, au-delà de sa signification purement épistémologique, ouvre un domaine d'investigation inédit (celui de l'interaction entre le sujet et la connaissance objective, correspondant à ce que P. Engel appelle le « monde 2 et demi ») où une théorie didactique du savoir peut réellement prendre corps. Donner une présentation heuristique d'une connaissance, par conséquent, revient à présenter celle-ci comme l'aboutissement (provisoire) d'un processus de conjectures et de réfutations issue d'une situation-problème initiale. Les connaissances sont ainsi « dépourvues de leur magie autoritaire ; leur origine peut être retrouvée dans une certaine situation-problème bien définie, dans la critique de tentatives précédentes de solution à ces problèmes »[203]. Une telle présentation heuristique ne constitue ni une genèse psychologique des connaissances, puisque la nature du développement dépend de la structure logique des différentes conjectures proposées, ni une genèse purement logique ou épistémologique, puisqu'elle dépend tout autant des dispositions psychologiques du sujet humain qui produit ces conjectures. Ajoutons, enfin, qu'elle ne se confond pas non plus, comme on pourrait le croire, avec une présentation simplement historique des connaissances. Il importe en effet de « distinguer les problèmes que l'on se propose de résoudre, d'avec ceux que l'on résout effectivement »[204]. Les situations-problème qu'analyse l'heuristique, pour Lakatos comme pour Popper, possèdent une structure objective, logique, qui ne se confond que très rarement avec la conscience que les acteurs historiques du progrès scientifique en ont effectivement (*cf. supra*, première partie, chap. 2). De même en ce qui concerne le rôle de l'erreur. Il est nécessaire, selon Lakatos, de « distinguer entre d'une part les erreurs 'accidentelles' qui simplement disparaissent et où la critique ne joue aucun rôle dans le développement à venir, et d'autre part les erreurs 'essentielles' qui, en un sens, seront comme naturalisées après réfutation et dont la critique fonde le développement à venir. Dans la présentation heuristique, on peut omettre sans dommage les erreurs accidentelles, leur prise en compte n'incombe qu'à l'histoire »[205]. Sans doute la connaissance de l'histoire des sciences peut-elle aider à la mise en forme problématisante, ou heuristique, des savoirs[206]. Elle est toutefois incapable

[202] *Ibid.*, p. 185.
[203] *Ibid.*, p. 190.
[204] *Ibid.*, p. 191.
[205] *Ibid.*, p. 191.
[206] Comme on le voit, au demeurant, en suivant les quelques exemples de présentation heuristique donnés par Lakatos lui-même, *cf.* par exemple son étude des notions mathématiques de « convergence uniforme » et de « variations bornées ».

d'en fournir à elle seule le modèle, sans le secours d'une analyse structurelle impliquant à la fois le fonctionnement de l'esprit humain et les propriétés logiques des théories avec lesquelles celui-ci entre en interaction.

L'introduction, dans l'enseignement et les manuels, de ce « style heuristique », qui dépouille le savoir de son statut autoritaire et rend possible son interpellation critique par l'élève, marquerait à n'en pas douter un premier pas dans le sens d'une pédagogie d'inspiration poppérienne. Un deuxième, non moins important, consisterait à tirer pleinement les conclusions, du point de vue de l'enseignement, de la conception faillibiliste de la connaissance défendue par Popper. Considérée sous l'angle pédagogique, en effet, celle-ci présente au moins deux conséquences importantes : d'une part que les connaissances dispensées par le maître sont intrinsèquement faillibles et donc discutables ; d'autre part que la reconnaissance de l'erreur ne présuppose pas la connaissance du vrai et donc qu'il n'est pas besoin de *savoir* pour être autorisé à *critiquer*. Adopter les principes de l'épistémologie faillibiliste, par conséquent, ce n'est pas seulement accepter l'idée que les théories considérées comme vraies aujourd'hui pourront un jour être remises en question par quelque découvreur de génie (et donc que, pour le moment et pour le commun des mortels, elles demeurent en fait totalement indiscutables) : c'est accepter aussi l'idée qu'elles sont à tout moment publiquement questionnables et discutables. Ce qui ne veut pas dire, bien évidemment, que tout un chacun peut s'improviser physicien ou biologiste, ni qu'il faille s'attendre à ce que les connaissances les plus éprouvées soient réfutées du jour au lendemain par le premier ignorant venu, mais que chacun peut légitimement entrer, à son niveau, dans la discussion des problèmes dont ces connaissances sont issues par voie de complexification et d'approfondissement progressifs, qu'il peut tenter d'y insérer ses propres questions, ses propres objections, ses propres propositions de solutions alternatives. Cela veut dire, en d'autres termes, que la qualité d'expert, la maîtrise notionnelle et technique de tel ou tel pan du savoir objectif, n'est pas un présupposé requis pour entrer dans le débat théorique, mais qu'elle s'acquiert au contraire par la pratique même de ce débat, qu'elle en est le résultat. Serait « poppérien », par conséquent, un maître qui prendrait le parti de ne pas considérer l'élève comme un récipient qu'il faut « remplir » d'une façon ou d'une autre (ni du reste à l'inverse comme un « apprenant » autonome), mais comme un *contradicteur potentiel* à qui il faut répondre, comme un sujet susceptible d'adresser des objections et des questions qui méritent par principe d'être prises en considération et rationnellement débattues. Non pas donc comme un être en défaut à qui « on fait la leçon », mais comme un opposant avec qui on dispute, que l'on met au défi.

Une pédagogie centrée sur le rôle de la pensée critique

Les principes du rationalisme critique, d'une manière générale, conduisent donc au rejet de toute forme d'autoritarisme pédagogique, explicite ou implicite. Nous l'avons souligné à plusieurs reprises : ce pouvoir intérieur en quoi consiste notre « raison » n'est pas un quelconque pouvoir d'auto-contrainte, mais une instance exclusivement évaluatrice et critique. Tout comme chez les premiers sceptiques grecs, la raison désigne chez Popper la faculté de demander indéfiniment des comptes, de dissoudre toutes les apparences de fondement, d'évidence ou de certitude indiscutables. C'est dire, pédagogiquement parlant, qu'il n'y pas plus de « maître intérieur », pour reprendre la fameuse formule de Saint Augustin, que de maître tout court. Faire appel à la raison de l'élève ne consiste pas à susciter chez ce dernier une forme de contrainte interne (le Verbe de Malebranche, la Réminiscence de Platon…) destinée à lui « faire admettre » ou à lui « faire reconnaître » le Vrai ou le Bien. Tel est sans doute l'aspect par lequel les thèses poppériennes s'écartent le plus profondément de notre représentation usuelle et dogmatique de l'enseignement. La tâche du professeur, comprise dans la perspective critique, est de rendre l'univers symbolique familier à de jeunes esprits, de leur faire comprendre la complexité et la richesse des objets qui le composent. Elle n'est pas de les amener à adhérer fermement à des croyances et des opinions supposées « fondées » et « certaines », de les « convertir » en quelque façon, fût-ce au moyen de preuves et d'arguments « rationnels ». Les deux entreprises sont même, du point de vue poppérien, rigoureusement incompatibles. C'est en prenant conscience de la fausseté d'une connaissance, en effet, que nous accédons à sa véritable compréhension. Les théories que nous considérons comme valides, selon Popper, ne sont jamais que celles dont nous n'avons pas encore aperçu toutes les conséquences logiques, c'est-à-dire celles dont nous ne comprenons pas encore clairement la signification. Tout effort pour comprendre est en définitive un effort pour réfuter, dépister les failles, critiquer. Et tout effort pour faire comprendre, pour enseigner, un effort pour susciter une telle défiance critique à l'égard du savoir. D'où l'on voit, une fois encore, qu'une pédagogie inspirée des thèses poppériennes serait de part en part, comme le dit Popper lui-même « centrée sur le rôle de la pensée critique »[207].

La pédagogie traditionnelle, il est vrai, reconnaît apparemment elle aussi l'importance de développer « l'esprit critique » de l'élève. Tous les pédagogues et les enseignants ne s'accordent-ils pas pour dire qu'il importe

[207] *FS*, p. 503.

de ne pas seulement transmettre des connaissances mais aussi de promouvoir l'autonomie du jugement et le libre examen ? La place ainsi reconnue à la pensée critique reste cependant, la plupart du temps, secondaire. Ces appels à la vigilance critique, en effet, incitent généralement les élèves à exercer celle-ci contre les formes réputées illusoires de la connaissance (opinions, idéologies, la publicité marchande etc.) et non, comme chez Popper, contre le savoir à enseigner lui-même. Il arrive certes, dans le meilleur des cas, qu'on invite les élèves à formuler les doutes, les objections ou les questions que peut susciter chez eux tel ou tel apprentissage. Mais il ne s'agit alors que de laisser s'exprimer des doutes déjà existants, des doutes subis qui trouvent leur origine dans des préjugés et des représentations naïves qu'on cherche ainsi à faire paraître au grand jour afin de mieux les éliminer. A aucun moment, dans les conditions ordinaires d'enseignement, les élèves ne sont encouragés à approfondir ces doutes ni encore moins à inventer librement et volontairement des objections ou à proposer des solutions alternatives, c'est-à-dire à adopter vis-à-vis du savoir enseigné une authentique attitude de défiance critique, de dépistage délibéré de l'erreur. Ce type de rapport au savoir, dit-on ordinairement, est réservé à ceux, chercheurs et savants, qui ne sont *plus* des élèves, qui *savent* déjà et contribuent par leur activité à l'avancement du savoir objectif. On estime, en revanche, qu'il ne convient pas à ceux qui apprennent et qu'une telle attitude ne pourrait, chez ces derniers, que retarder l'acquisition de la connaissance. Le point de vue traditionnel distingue donc deux temps nettement séparés et hiérarchiquement ordonnés : d'une part celui de l'apprentissage proprement dit, au cours duquel l'élève est incité à adopter une attitude réceptive et accueillante ; d'autre part, celui de la recherche, de la production de nouvelles connaissances, qui impose au contraire un rapport actif et contestataire à l'égard du savoir établi. L'une des conséquences pédagogiquement les plus importantes de la philosophie poppérienne est précisément de remettre radicalement en cause cette opposition usuelle. Non pas évidemment au sens où Popper nous inciterait à soutenir, de façon démagogique, que tout un chacun peut produire de nouvelles connaissances sans s'être préalablement donné la peine d'assimiler laborieusement une grande quantité de savoir, mais au sens où les deux activités de l'apprentissage d'une part et de la recherche d'autre part ne requièrent pas deux types différents et opposés de rapport au savoir. Nous n'assimilons pas les objets de connaissance de façon passive en les recevant docilement à la façon de choses pénétrant dans un réceptacle, mais activement en les soumettant à un contrôle critique, à une contestation délibérée analogue à celle que le chercheur fait subir au savoir institué. Le fait que cette contestation a beaucoup plus de chance d'aboutir à une remise en cause effective du savoir dans le cas du chercheur confirmé que dans celui de l'élève ne change en rien l'essentiel : à savoir que le seul rapport réellement fécond que le sujet, qu'il soit novice ou expert, puisse entretenir avec la connaissance objective est un rapport de « défi », une interaction critique et pour ainsi dire conflictuelle. La docilité, en dépit de ce que suggère l'étymologie du mot « docile » (*doceo*), est tout le contraire d'une vertu pédagogique.

L'intérêt majeur de la philosophie poppérienne, nous espérons l'avons montré au cours de cette étude, est donc de nous inviter à reconsidérer sur de nouvelles bases la question de l'innovation et de la réforme pédagogiques. Contrairement à ce que soutiennent certains pédagogues contemporains ralliés aux thèses d'inspiration psychologiste, les aspects négatifs de la pédagogie traditionnelle, son caractère dogmatique et autoritaire, ne sont pas la conséquence de la croyance à la réalité autonome du savoir, à l'existence d'un « monde intelligible » antérieur à la connaissance qu'en prend le sujet. La véritable source du dogmatisme, selon Popper, réside bien plutôt dans la conception essentialiste et métaphysique qu'en propose la pensée classique, c'est-à-dire dans l'idée qu'un tel monde est constitué de vérités certaines et évidentes destinées à s'imposer, par simple présentation méthodique, à l'esprit attentif de l'élève. Le monde intelligible n'est pas une chimère, mais il n'est pas tel que la tradition métaphysique l'a conçu : non pas un univers de vérités et de certitudes, mais un monde mouvant et historique peuplé d'erreurs, d'arguments et de problèmes. Nous ne nous rapportons pas à ce monde au moyen d'un quelconque effort de vision, de contemplation ou de purification de l'esprit. Nous y accédons sur le mode de l'interaction critique en « manipulant » les objets qui le composent, en les contestant et en les évaluant. Le remède aux défauts de la pédagogie traditionnelle, par conséquent, ne consiste pas à inventer des dispositifs d'apprentissage qui tentent de contourner l'existence du savoir objectif, ni à élaborer des situations conçues pour amener l'élève à « construire », individuellement ou collectivement, ses connaissances sans avoir à rencontrer le savoir à la façon d'une réalité autonome qui le devance. Il ne s'agit pas de psychologiser l'apprentissage en mettant pour ainsi dire « hors jeu » l'existence de la connaissance objective, comme nous y incitent plusieurs pédagogues contemporains, mais de réformer le rapport que le sujet apprenant entretient ordinairement avec celle-ci. De passer d'une pédagogie autoritaire de « l'esprit-seau », où l'élève est censé s'approprier le savoir sur le mode du reflet et de la réception passive, à une pédagogie où cette appropriation passe au contraire par un processus actif d'interaction critique. Ainsi compris, le problème pédagogique ne relève ni de l'analyse normative des savoirs (du monde 3, objet de la logique ou de l'épistémologie) ni de l'étude factuelle des processus mentaux (du monde 2, objet de la psychologie ordinaire), mais de cet espace théorique intermédiaire, que nous avons appelé à la suite de P.

Engel le « monde 2 et demi », où les deux univers interagissent conflictuellement l'un sur l'autre.

Comme nous l'annoncions au tout début de cette étude, les conséquences pédagogiques qui proviennent de la lecture de Popper ne peuvent être mises au service de l'un ou l'autre des « camps » que nous sommes habitués depuis plusieurs dizaines d'années à voir s'affronter dans les débats actuels concernant le rôle du maître et la nature de l'acte d'enseigner (partisans de la « centration » sur les savoirs à enseigner contre partisans de la « centration » sur l'apprenant). Les questions décisives, telles qu'elles ressortent des analyses précédentes, ne consistent aucunement à déterminer le « centre de gravité » ou le « pôle essentiel » de la relation éducative. Tel est, sans doute, l'intérêt premier de ce parcours dans la philosophie poppérienne de nous avoir conduits à sortir des cadres habituels du débat pédagogique et à interroger quelques-uns des présupposés profonds, touchant la nature de la connaissance et de la pensée, que masquent trop souvent ces controverses de premier plan.

Annexe 1

« *Über die Stellung des Lehrers zu Schule und Schuler* » (1925) et « *Zur Philosophie des Heimatgedankens* » (1927)

Les textes écrits par Popper durant la période de formation à l'Institut Pédagogique de Vienne témoignent de l'engagement très militant du jeune étudiant dans le mouvement des réformateurs. Il s'agit de deux articles (« *Über die Stellung des Lehrers zu Schule und Schuler* » et « *Zur Philosophie des Heimatgedankens* »), qui paraissent respectivement en 1925 (dans la revue *Die Quelle* dirigée par Burger) et en 1927 (dans *Schulreform* dirigée par Fadrus). Le premier de ces textes a pour objectif de proposer une théorie des relations maître-élève qui soit conforme à l'exigence, posée en principe par l'Ecole du travail, d'être « proche du vécu » (*lebensnahe*). L'enseignant, se demande Popper, doit-il se rapporter à l'élève comme à un « type social » général (par ex. « l'écolier », le « bon » ou le « mauvais élève » etc.) ou bien comme à un individu unique ? Sa conclusion, au terme d'une analyse conceptuelle à vrai dire assez laborieuse et embarrassée, est que « la position fondamentale de l'éducateur vis-à-vis de l'enfant doit être de considérer celui-ci comme une individualité (...) Si l'exigence pour le professeur d'être 'proche de la vie' vaut aussi pour la relation entre le maître et l'élève, alors le maître doit fondamentalement ne pas le considérer d'un point de vue général, mais doit se rapporter à lui comme un être vivant humain vis-à-vis d'un autre être humain » (donc d'égal à égal, sans relation hiérarchique d'autorité). Bien comprise, la relation hiérarchique, impliquant des rapports entre « types sociaux » généraux, ne doit pas concerner la relation maître-élève, mais uniquement la relation commune que le maître et l'élève entretiennent l'un et l'autre vis-à-vis de l'école envisagée comme institution. La situation doit être telle, en d'autres termes, que les élèves comprennent qu'ils ne sont pas à proprement parler soumis au maître, mais qu'ils forment avec lui une communauté constituée d'individus égaux également subordonnés à une même structure, l'école, qui organise leur travail commun. Ainsi conçue, conclut Popper, « l'école cessera d'être une barrière entre l'élève et le maître, elle pourra être un sol commun pour un travail commun du maître et de l'élève »[208].

---

[208] *FS*, p. 9.

Le second article (« *Zur Philosophie des Heimatgedankens* »), qui propose une analyse logique du concept de patrie (*Heimat*), n'est pas moins révélateur du militantisme pédagogique de Popper. La mise en vedette à première vue inattendue de cette notion chez les réformateurs s'explique par l'importance que ces derniers accordent, nous l'avons vu, à l'expérience vécue dans le processus d'apprentissage. Selon E. Burger l'enfant doit acquérir ses connaissances en partant de ses propres expériences, en prenant appui sur le vécu que lui procure son environnement immédiat, sa « patrie ». Cette façon de concevoir la notion de *Heimat*, comme on le voit, est absolument distincte de celle qu'on trouve à la même époque dans les milieux nationalistes et fascistes autrichiens où elle exprime, comme le rappelle Hacohen, « le patriotisme local, l'attachement aux coutumes provinciales, à la famille et à la religion, la haine de la société industrielle urbaine, du parlementarisme et de la culture viennoise »[209]. Telle que l'envisage Popper et les *Schulreformer* la « patrie » est une notion de nature relationnelle et psychologique qui se définit sans référence à des concepts ethniques ou identitaires, tels que la race ou l'esprit d'un peuple (*Volkgeist*). Il s'agit « d'un concept de relation dont l'objet est un complexe de choses, de personnes et de contenus spirituels » déterminé par la relation « de nature psychologique » qu'il entretient avec un sujet, cette relation étant « phénoménologiquement caractérisée par un sentiment (heureux) d'appartenance et de familiarité »[210]. Aussi le rôle pédagogique des sentiments et des pensées « patriotiques » est-il uniquement de servir de tremplin pour amener l'élève à de nouvelles expériences. Le processus éducatif, tel que le conçoit Popper, n'a nullement pour fin leur développement en tant que tel, dans une perspective identitaire et nationaliste, mais leur dépassement et l'accès de l'enfant à l'universel (ce que résume la formule de Burger, citée par Popper, « à partir de bons Allemands faire de bons citoyens du monde »). Ainsi, dans le domaine esthétique, Popper voit-il dans « l'amour de la patrie » (*Heimatliebe*), qui relie l'enfant à son environnement immédiat, le « noyau à partir duquel peut se développer son sens pour la beauté de la nature »[211] et, dans son rapport naïf à l'art et aux jeux folkloriques (*bodenständige Kunst, bodenständige Spiele*), le point de départ d'une véritable culture artistique[212]. Dans le domaine éthique, de même, les coutumes locales forment le présupposé à partir duquel on peut amener l'enfant à la considération des principes moraux et juridiques universels. D'une manière générale, conclut Popper, « la patrie (*Heimat*) est l'association

[209] Malachi Haim Hacohen, « Dilemmas of Cosmopolitanism : Karl Popper, Jewish Identity, and Central European Culture », *The Journal of Modern History*, Chicago, Vol. 71, n° 1, March 1999, p. 140.

[210] *FS*, p. 19.

[211] *FS*, p. 19.

[212] *FS*, p. 20.

culturelle (*Kulturverband*) primitive naturellement donnée, qui fournit du point de vue psycho-génétique le schéma fondamental de la structure de chaque association culturelle ultérieure. Tout développement culturel s'enracine ainsi dans (…) des fondements qui proviennent de la relation à la patrie »[213].

[213] *FS*, p. 26.

Annexe 2

« La psychologie de la pensée »

Un élément à prendre en considération, en ce qui concerne les premiers écrits poppériens, est l'influence de la *Denkspychologie* et plus particulièrement des travaux de K. Bühler, dont Popper suit les cours à l'Université de Vienne (Institut de psychologie) de 1925 à 1928. Nous nous bornerons à rappeler quelques points importants pour la compréhension de la pensée poppérienne, sans prétendre aucunement fournir un exposé ni même un simple résumé des thèses de la Psychologie de la pensée.

La psychologie de la pensée désigne un courant intellectuel ayant pour origine les travaux d'O. Külpe (1862-1915) à l'Université de Würzburg entre 1894 et 1909. Alors que Wundt (1832-1920), le fondateur de la psychologie scientifique allemande, croyait devoir limiter la psychologie expérimentale à l'étude des phénomènes psychiques inférieurs (sensations, perceptions facilement objectivables et mesurables), Külpe se fixe au contraire pour objectif d'étudier les processus psychiques supérieurs impliquant ce qu'il est convenu d'appeler la « pensée ». De ces recherches, poursuivies et approfondies par les successeurs de Külpe, particulièrement par K. Bühler et O. Selz, il ressort principalement que les processus de pensée ne peuvent se décrire, comme le supposait Wundt, en termes d'images ni s'expliquer au moyen de mécanismes d'associations d'idées. La pensée dirigée, selon les théoriciens de l'« Ecole de Külpe » (ou « Ecole de Würzburg »), ne se définit pas par un ensemble de représentations ou par un quelconque acte de volonté, mais par la « conscience d'une règle » (*Regelbewusstsein*). Comme l'explique Bühler, « c'est la prise de conscience d'une méthode pour accomplir une tâche. Dans les cas typiques, le phénomène ne contient pas seulement la notion de la manière dont cette tâche doit être accomplie, mais la notion d'une méthode générale valable pour toutes les tâches de la même espèce »[214]. A travers cet appel aux notions de règle et de méthode, les « psychologues de la pensée » cherchent à élaborer un modèle actif et productif de l'esprit, qui reprend, au plan psychologique, la conception kantienne de l'entendement comme « faculté des règles » et la notion corrélative de schème pensé comme « représentation d'une méthode »[215] pour réaliser une tâche ou résoudre un

---

[214] *Tatsachen und Problemen zur eine Psychologie des Denkvorgänge*, 1907, p. 243.
[215] Kant, *Critique de la raison pure*, Vrin, Paris, 1993, p. 152.

problème. En insistant ainsi, à la suite de Kant, sur le rôle constructif et producteur de l'esprit dans la connaissance, les partisans de l'Ecole de Würzburg ne s'écartent pas seulement des thèses associationnistes de Wundt, mais aussi des positions alors défendues par les théoriciens contemporains de la *Gestaltpsychologie*, tels Wertheimer, Koffka ou Köhler. Les psychologues de la *Gestalt* développent en effet une conception à la fois structurelle et physicaliste de la perception et de la compréhension qui conduit à dépouiller le sujet de son rôle actif et productif dans l'élaboration de la connaissance. Ainsi les fameuses lois d'organisation du champ perceptif mises en évidence par les gestaltistes (« ségrégation, voisinage, bonne forme »[216]) ne sont-elles nullement présentées par ces derniers comme le produit d'une construction subjective, mais comme le résultat nécessaire d'un équilibre de champs de forces, régi par des principes dynamiques structurels communs aux phénomènes physiques et psychiques (théorie de « l'isomorphisme psycho-physique »). De là l'hostilité déclarée de K. Bühler (particulièrement dans son ouvrage *Die Krise der Psychologie* de 1927) à l'encontre des tentatives gestaltistes pour traduire les concepts psychologiques en termes neurophysiologiques et unifier du même coup l'étude de l'esprit et celle des phénomènes physiques (tentative qualifiée par Bühler de « monisme structurel » d'inspiration « spinoziste »).

Popper consacre la plus grande partie de sa thèse de doctorat (*Zur Methodenfrage der Denkpsychologie*), soutenue en 1928 sous la direction de Bühler, à justifier la méthodologie exposée par son maître une année plus tôt dans *Die Krise der Psychologie*, en insistant particulièrement (*cf.* § 2 « *Kritik des Physicalismus* ») sur sa position critique à l'encontre du projet réductionniste de la *Gestaltpsychologie* (dans lequel il voit une expression du « physicalisme méthodologique » défendu par M. Schlick – le rapporteur de sa thèse – dans son ouvrage de 1922 *Allgemeine Erkenntnislehre*). Son ralliement aux théories de la *Denkpsychologie*, durant son passage à l'Université de Vienne, est aussi entier que son engagement en faveur des thèses de Burger à l'Institut pédagogique. Ces deux étapes de formation, pédagogique puis psychologique, n'apparaissent du reste pas, dans le parcours du jeune Popper, comme des moments séparés qui témoigneraient de centres d'intérêt distincts et consécutifs, mais comme deux moments complémentaires, le sujet cognitif actif des psychologues constituant à ses yeux le fondement théorique de la *Selbsttätigkeit* promue par les réformateurs.

[216] *Cf.* Wertheimer, *Untersuchung zur Lehre der Gestalt*, 1922, p. 293.

Annexe 3

L'interprétation poppérienne du darwinisme

Le darwinisme sur lequel s'appuie l'épistémologie poppérienne est un darwinisme réformé auquel Popper a lui-même apporté plusieurs modifications importantes. La théorie darwinienne, en effet, ne constitue pas à ses yeux une théorie scientifique, empiriquement falsifiable, mais un « programme métaphysique de recherches », un cadre théorique général permettant de formuler des hypothèses scientifiques, susceptible en tant que tel d'être discuté et amélioré par les philosophes. Ces améliorations sont rendues nécessaires par les insuffisances que présente, sous sa forme initiale, la théorie darwinienne. Celle-ci d'une part a « besoin d'une reformulation qui la rende moins vague »[217] : affirmer que « ceux qui survivent sont les plus aptes » revient en effet à énoncer une simple tautologie puisque « nous n'avons pas je le crains d'autres critères d'aptitude que l'effectivité à survivre »[218]. La théorie darwinienne classique, d'autre part, ne laisse subsister que l'alternative brute de la survie ou de la mort : il n'y aurait pour l'organisme qu'un seul problème – celui de la survie – et qu'une seule forme d'échec, la mort. Or sous cette forme primitive, le processus de sélection naturelle explique certes la réussite des organismes, même rudimentaires, les plus résistants ou les plus fertiles, mais il ne permet pas de comprendre pourquoi l'évolution tend par ailleurs vers un enrichissement et un accroissement des capacités individuelles des êtres vivants, vers des formes de vie de plus en plus hautes et complexes : « le darwinisme, tel qu'on le présente habituellement, n'arrive pas à donner une explication à ce problème. Il peut tout au plus expliquer l'amélioration dans le degré d'adaptation, mais l'adaptation des bactéries est sans doute au moins aussi satisfaisante que celle des hommes »[219]. Pour rendre compréhensible cet aspect apparemment créateur de l'évolution il faut distinguer, estime Popper, entre le but général poursuivi par l'organisme, qui est effectivement la survie, et les différents « problèmes concrets » qui en découlent et qui pour la plupart « ne sont pas en tant que tels des problèmes de survie »[220]. A la différence du schéma darwinien, par conséquent, le schéma tétradique poppérien inclut l'idée d'une

[217] *CO*, p. 365.
[218] *CO*, p. 365.
[219] *QI*, p. 252.
[220] *QI*, p. 253.

transformation qualitative et d'un enrichissement des problèmes : le problème (P1) se trouve modifié (P2) à la suite des étapes de propositions et de sélection des conjectures (TT et EE). Ainsi, par exemple, « le problème initial P1 peut être celui de la reproduction. Sa solution peut conduire à un nouveau problème P2, le problème : comment se débarrasser de sa progéniture ou la disperser »[221]. Un nouvel organe, un nouveau comportement suscitent l'émergence d'un problème radicalement nouveau et imprévisible, de telle sorte que la vie progresse « comme la découverte scientifique, à partir de vieux problèmes vers la découverte de problèmes nouveaux auxquels nul n'avait songé »[222]. Il s'ensuit que la pression sélective ne s'effectue pas, comme dans le darwinisme standard, à sens unique. « La sélection est une arme à double tranchant »[223] : le milieu sélectionne certes les réponses et les conduites de l'organisme en éliminant les moins adaptées mais, inversement, ces réponses et ces conduites, par les nouveaux problèmes qu'elles suscitent, sélectionnent à leur tour les aspects du milieu qui exerceront, sur l'organisme lui-même et sur ses descendants, la pression sélective future[224]. Ainsi le milieu sélectif n'est-il pas une réalité en soi, indépendante des buts de l'organisme, comme on le suppose habituellement, mais le résultat d'un filtrage ayant son origine dans l'organisme lui-même et dans ses actions. Sans cette conception interactive du mécanisme de sélection, étrangère au darwinisme traditionnel, il serait impossible, selon Popper, d'expliquer le processus de modification et d'enrichissement progressif des problèmes qui entraine l'apparition de formes vivantes de plus en plus complexes et élevées.

Une autre modification importante apportée à la théorie darwinienne standard porte sur le mécanisme des mutations. Si celui-ci était totalement livré au hasard, comme on le suppose ordinairement, il serait difficile voire impossible d'expliquer pourquoi l'évolution des organismes présente des tendances orthogéniques évidentes. Il serait difficile d'expliquer, par exemple, comment un organe aussi complexe et organisé qu'un œil a pu résulter d'un ensemble de mutations aléatoires totalement indépendantes les unes des autres. L'évolution, dans ce cas, devrait bien plutôt se présenter comme une « marche au hasard » comparable à la trajectoire d'un homme qui, à chaque pas, « consulte une roulette pour déterminer la direction de son pas suivant »[225]. Pour rendre compte des ces tendances orthogéniques sans sortir du cadre darwinien, Popper introduit l'idée d'un « *dualisme génétique* »[226] consistant à

[221] *CO*, p. 368.
[222] *CO*, p. 233.
[223] *CO*, p. 237.
[224] *QI*, p. 257.
[225] *QI*, p. 247.
[226] *CO*, p. 406.

distinguer, dans tout organisme, deux parties ayant chacune leurs gènes propres, susceptibles de mutations indépendantes : « une partie qui contrôle le comportement, comme le système nerveux central des animaux supérieurs, et une partie qui exécute, comme les organes des sens et les membres, avec les structures qui les supportent »[227]. L'hypothèse poppérienne, réduite à l'essentiel, est que les modifications (génétiques ou pas) du comportement (par exemple un changement des préférences alimentaires, une nouvelle conduite devant le danger) exercent sur les modifications aléatoires de l'anatomie résultant des mutations « une pression sélective interne » qui régule et oriente les effets mécaniques de la sélection naturelle. En d'autres termes, si la sélection des mutations anatomiques présente une tendance orthogénique, c'est qu'elle s'effectue selon Popper en fonction de modifications ayant préalablement affecté la partie contrôlant les comportements de l'organisme. Ainsi, par exemple, pour qu'existe cet organe hautement finalisé qu'est l'œil, il faut que les mutations anatomiques ayant rendu possible son apparition aient été précédées, dans l'histoire de l'évolution, par certaines mutations comportementales incitant l'organisme à utiliser les parties du corps sensibles à la lumière pour s'orienter dans l'environnement. Dans la version poppérienne du darwinisme, ce sont donc les mutations des buts et des comportements qui devancent et contrôlent celles des organes et constituent pour ainsi dire le « fer de lance » de l'évolution[228].

---

[227] *CO,* p. 407. Popper subdivise en outre les gènes de la partie « contrôlante » en deux sous espèces : les gènes qui commandent les préférences et les buts et les gènes qui commandent les aptitudes (*QI*, p. 248). « La structure de préférence contrôle la sélection de la structure des aptitudes, celle-ci à son tour, contrôle la sélection de la structure anatomique » (*QI*, pp. 249-250).

[228] *CO*, p. 377.

Bibliographie

- Antiseri D., *La Vienne de Popper*, PUF, Paris, 2004.
- Astolfi J.P., *L'école pour apprendre*, ESF, Paris, 1992.
- Borges, J.L., *Fictions,* Folio, Paris, 1996.
- Boyer A., *Introduction à la lecture de Karl Popper,* presses de l'ENS, Paris, 1994, p. 68.
- Bartley III W., « Theory of language and philosophy of science as instruments of educational reform : Wittgenstein and Popper as autrian schoolteachers », in R. S. Cohen et Wartkofsky (eds) *Methodological and Historical Essay in the Natural and Social Sciences*, Dordrecht/Boston, D. Reidel publishing compagny, 1974.
- Berkson W., Wettersten J.R., *Learning from Error, K. Popper's Psychology of Learning,* La Salle (Illinois), Open Court Compagny, 1984.
- Bouveresse R., *Karl Popper ou le rationalisme critique*, Vrin, Paris, 1998.
- Engel, P., *Philosophie et psychologie,* Gallimard, Paris, 1996.
- Firode A., « Pensée et langage chez Karl Popper et Lev Vygotski », *Recherches en éducation*, n° hors série, oct. 2011.
- Firode A., « La notion de problème chez K. Popper et ses implications pédagogiques », *Recherches en éducation*, janvier 2009.
- Glöckel O., *Die Österreichische Schuhlreform*, Wien, Verlag des Wiener Volkbuch Handlung, 1923.
- Hacohen M., « Dilemmas of Cosmopolitanism : Karl Popper, Jewish Identity, and Central European Culture », *The Journal of Modern History*, Chicago, Vol. 71, n° 1, March 1999.
- Jaffro L, Rauzy J.B., *L'école désœuvrée*, Flammarion, Paris, 1999.
- Kant, E., *Critique de la faculté de juger*, traduction de A. Philonenko, Vrin, Paris, 1986, p. 140.
- Kant, E., *Critique de la raison pure*, traduction Serrus, Vrin, Paris, 1993.

- Lakatos, I., *Preuves et réfutations, essai sur la logique de la découverte scientifique*, trad. de N. Balacheff et J.M. Laborde, Paris, Hermann, 1984.

- Locke J., *De la conduite de l'entendement*, traduction de Yves Michaud, Vrin, Paris, 2008.

- Meirieu P., *Apprendre... oui mais comment*, ESF, Paris, 1987.

- Piaget J., *Psychologie et pédagogie*, Médiations, Paris, 1969.

- Pimbé D., *L'explication interdite,* l'Harmattan, Paris, 2009.

- Popper, K., *The Philosophy of Karl Popper*, La Salle, Illinois, 1963.

- Popper, K., *La Logique de la découverte scientifique*, Payot, Paris, 1973.

- Popper, K., *L'Univers irrésolu, plaidoyer pour l'indéterminisme*, Hermann, Paris, 1984.

- Popper, K., (en collaboration avec J. Eccles) *The Self and its Brain*, Routledge, 1984.

- Popper, K., *Conjectures et réfutations*, *la croisssance du savoir scientifique*, traduction de Michelle-Irène et Marc Launay, Payot, Paris, 1985.

- Popper, K., *La quête inachevée*, Calmann-Lévy, Paris, 1986.

- Popper, K., *Le mythe du cadre de référence* (publié dans *Karl Popper et la science d'aujourd'hui*, Aubier, Paris, 1989.

- Popper, K., *Le réalisme et la science, post-scriptum à La Logique de la découverte scientifique*, Hermann, Paris, 1990.

- Popper, K., *La connaissance objective*, Flammarion, Paris, 1991.

- Popper, K., (en collaboration avec Konrad Lorenz) *L'avenir est ouvert*, Flammarion, Paris, 1995.

- Popper, K., *Toute vie est résolution de problèmes*, Actes Sud, Paris,1997.

- Popper, K., *Frühe Schriften*, *Gesammelte Werke in deutscher Sprache*, I, Mohr Siebeck, Tübingen, 2006.

- Rey B., *Les compétences transversales en question,* ESF, Paris, 1996

- Swann, J., « What doesn't happen in teaching and learning ? », *Oxford Review of Education*, 24 : 2, 1998, p. 211-223.

- Vergnioux A., *Pédagogie et théorie de la connaissance, Platon contre Piaget*, Peter lang, Berne, 1991,

- Wettersten J.R., « New Insights on Young Popper », *Journal of the History of Ideas*, 2005.

Table des matières

Philosophie aux éditions L'Harmattan

Dernières parutions

ÉDITION (L') DE LA PHILOSOPHIE EN FRANCE DEPUIS LES ANNÉES 1970
Miroir du statut de la philosophie en France
Ferté Louise
Depuis une trentaine d'années, l'édition des sciences humaines, et plus particulièrement de la philosophie, est considérée comme un secteur « en crise », sans avenir économique. Les ventes et les parts de marché seraient en baisse, au profit notamment de nouveaux médias tels qu'Internet ou les supports électroniques. Quelles ont été les principales stratégies d'adaptation de l'édition philosophique et des maisons d'édition ?
(Coll. Inter-National, 19.00 euros, 190 p.)
ISBN : 978-2-296-99678-6, ISBN EBOOK : 978-2-296-50261-1

PAUL RICOEUR – Le monde et autrui
Dau van Hong Paul
Par le biais du langage nous trouvons le moyen de répondre à la question toujours en suspens : qu'est-ce que l'être ? Mais interroger le langage n'est jamais l'examiner seul, sans prendre en compte son inscription dans une parole ou dans un livre, qui est toujours adresse d'un homme à un autre homme. L'herméneutique du soi de Paul Ricoeur se trouve ainsi vouée à l'examen de cette double altérité, du monde et d'autrui. Le plus court chemin de soi à soi passe par ce long détour que dessinent le monde et l'autre.
(Coll. Ouverture Philosophique, 28.00 euros, 278 p.)
ISBN : 978-2-296-99207-8, ISBN EBOOK : 978-2-296-50146-1

HEGEL DÉMOCRATE – Autour de la *Philosophie du Droit*
Farinati Alicia Noemi - Préface de Jacques D'Hondt
Cet ouvrage situe précisément Hegel dans les controverses de son temps et du nôtre, et l'engage organiquement dans le développement mondial de la pensée. La philosophie de Hegel est d'une telle exubérance que même ses erreurs sont instructives. Bien des aspects de cet immense héritage sont inventoriés ici : l'État, l'individu, la famille, la société civile, l'histoire, la vie politique ancienne et actuelle, le passage à Marx...
(Coll. La philosophie en commun, 24.00 euros, 242 p.)
ISBN : 978-2-296-99164-4, ISBN EBOOK : 978-2-296-50221-5

HUMANISME ET DIALECTIQUE – Quelle philosophie de l'histoire, de Kant à Fukuyama ?
Ondoua Pius
L'objectif de cet ouvrage est de redonner vie autant que consistance à une lecture dialectique et historique du réel et de l'histoire. Les cinq textes s'attellent à réexaminer, à partir de la tranche historique de la modernité (les Lumières) jusqu'à l'actuelle contemporanéité (la mondialisation), la logique, le moteur et aussi l'acteur de l'histoire, chez des auteurs comme Kant, Hegel, Marx, Habermas et Fukuyama, entre autres.
(Coll. Ouverture Philosophique, 22.50 euros, 215 p.)
ISBN : 978-2-296-99342-6, ISBN EBOOK : 978-2-296-50379-3

TEXTES MYSTIQUES, DISCOURS IDENTITAIRES
Ropert François
Jean-Jacques Rousseau attribuait à l'amour de soi toutes les vertus et à l'amour-propre tous les vices. Il sut analyser très finement ces deux chemins et leur origine : la voie libératrice vient de la nature et de Dieu, la voie qui conduit à l'oppression de la société. La démocratie et la justice sociale ont-elles donc plus à voir avec la mystique que nous le pensons ?
(Coll. Discours identitaires dans la mondialisation, 16.50 euros, 158 p.)
ISBN : 978-2-296-99463-8, ISBN EBOOK : 978-2-296-50180-5

VERTU DE LA JUSTICE
Heidsieck François
La justice n'est pas tout entière dans la loi, car la loi veut être vivifiée par une intention de justice. Et cette intention est une vertu. Elle tient à la dignité de la personne et au respect de cette dignité mais l'auteur, pour éviter le vocabulaire du formalisme kantien, préfère parler ici du sentiment de l'honneur. Cette étude s'achève sur une casuistique qui fait de la justice, à travers les conflits de devoir, une vertu à hauteur d'homme.
(Coll. Ouverture Philosophique, 12.00 euros, 102 p.)
ISBN : 978-2-296-99147-7, ISBN EBOOK : 978-2-296-50077-8

POSSIBILITÉ (LA) D'UNE MUSIQUE MODERNE
Logique de la modernité et composition musicale
Martí-Jufresa Felip - Préface de Peter Szendy
L'une des thèses centrales défendues dans cet ouvrage est que la pratique musicale aura été jusqu'à présent majoritairement «réactionnaire», c'est-à-dire non seulement gouvernée et portée par la logique du monde ancien (fonctionnalité intégrale, ordre et cohérence hyperboliques), mais encore le site d'une représentation glorificatrice de cette essence du sens prémoderne. Cet essai se veut un acte révolutionnaire, une participation modeste à l'aboutissement de la Révolution de la réalité engagée par la société humaine depuis au moins le XVIIe siècle.
(Coll. Nous, les sans-philosophie, 32.00 euros, 354 p.)
ISBN : 978-2-296-99672-4, ISBN EBOOK : 978-2-296-50147-8

PARADOXE DE DIEU ET DE LA FINITUDE (VOLUME 1) – Docte ignorance, perspectives monades
Morim De Carvalho Edmundo
Ce livre commence avec la Docte Ignorance, autour de la Vision de Dieu ou de ce tableau «grand format» qu'est la Création ou l'univers. Il s'arrête ensuite à l'enjeu des perspectives picturales où la vision humaine se fait plurielle et sert de lien aux alliances entre l'optique, la science et la théologie. Il finit par le jeu des «monades» entre Dieu et la matière, ou le corps, dans la solitude d'un enfermement qui se combine cependant à une ouverture au monde problématique.
(Coll. Epistémologie et philosophie des sciences, 49.50 euros, 534 p.)
ISBN : 978-2-296-99625-0, ISBN EBOOK : 978-2-296-50283-3

PARADOXE DE DIEU ET DE LA FINITUDE (VOLUME 2) – Dans les *Cahiers* de Paul Valéry
Morim De Carvalho Edmundo
Dieu est un paradoxe majeur de la pensée humaine et il n'est pas prêt de disparaître, car il peut renaître sous d'autres formes - le paradoxe est issu d'une nasse de contradictions dont il est la «solution» idéale. Pour Paul Valéry, Dieu est plus contradictoire que paradoxal. Cet ouvrage revient sur la vision de Dieu, au recensement de certains de ses paradoxes et contradictions et à l'énonciation du vrai Dieu par Valéry.
(Coll. Epistémologie et philosophie des sciences, 36.00 euros, 354 p.)
ISBN : 978-2-296-99626-7, ISBN EBOOK : 978-2-296-50284-0

DIDEROT – Raison, Philosophie et Dialectique
Suivi du Neveu de Rameau
D'hondt Jacques - Texte établi et présenté par E.Puisais et P.Quintili
2013 sera l'année du grand tricentenaire de la naissance de Denis Diderot. Ce livre est l'œuvre d'un philosophe éminent qui se confronte à des problèmes actuels. Le Diderot de d'Hondt est un penseur dialectique. Et pour savoir ce qu'est la dialectique, chez Diderot et en général, c'est à travers la loupe de Hegel et de Marx qu'il tentera de nous la présenter, dans une image originale de l'auteur de l'*Encyclopédie.*
(33.00 euros, 326 p.) *ISBN : 978-2-296-96402-0*

MÉTHODE ET PHILOSOPHIE – La descendance éducative de l'*Émile*
Études coordonnées par Michel Soëtard
Plusieurs spécialistes présentent ici une analyse de l'*Émile* de Rousseau par les regards croisés de Condorcet, Kant, Pestalozzi, Fichte, Herbart, Dilthey, Dewey et Freinet, penseurs et acteurs

pédagogiques inscrits dans la postérité éducative de cette œuvre. Il se pourrait toutefois que l'*Emile*, avec le nœud de questions qu'il tisse, soit encore devant nous.
(Coll. Education et philosophie, 20.00 euros, 202 p.) *ISBN : 978-2-296-99332-7*

CONVERSION ET SOUVERAIN BIEN CHEZ BLAISE PASCAL
Bischoff Jean-Louis
Montrer que le rapport de la conversion au Souverain Bien chez Pascal nous invite à ausculter philosophiquement la notion d'émotion : c'est ce que Jean-Louis Bischoff entend montrer dans la présente étude. L'enjeu de son enquête est clair : il entend affoler et subvertir l'approche commune du mot « émotion ». Pour mener à bien son projet, l'auteur mobilise les lumières de philosophes comme Marion, Levinas, Ricoeur, Greisch ou Romano.
(Coll. Ouverture Philosophique, 20.00 euros, 204 p.) *ISBN : 978-2-296-99327-3*

DE LA NON-PHILOSOPHIE AUX NON-POLITIQUES – Nietzsche, Freud, Laruelle
Chien-Chang Lee
L'histoire de la philosophie occidentale est une tentation toujours renouvelée de «penser la politique depuis la non-politique». On peut indiquer qu'au moins, dans la modernité, les théoriciens du contrat social inventent déjà une idée révolutionnaire de l'»état de nature» qui est une notion non politique par excellence. Si nous admettons qu'il y a quelque chose de non politique, il y a au moins trois possibilités de penser la non-politique : «la philosophie de l'avenir» de Nietzsche, la «psychanalyse» de Freud et la «non-philosophie» de Laruelle.
(Coll. Nous, les sans-philosophie, 25.50 euros, 260 p.) *ISBN : 978-2-296-99194-1*

EMMANUEL LEVINAS, LA PHILOSOPHIE DE L'ALTÉRITÉ
Nanga-Essomba Jean-Thierry - Préface de Lucien Ayissi
À partir de l'analyse de la problématique levinassienne de la responsabilité de soi à l'égard d'Autrui, l'auteur s'attache, dans le cadre de cette réflexion, à examiner la pertinence théorique et la fécondité conceptuelle de la pensée d'Emmanuel Levinas dont le souci majeur est de conjurer la barbarie de la guerre et de prévenir toute dynamique pouvant faire courir à l'altérité le risque humanicide d'être anéantie.
(Coll. Ouverture Philosophique, 18.00 euros, 182 p.) *ISBN : 978-2-296-99143-9*

CONVERSION (LA) ÉTHIQUE – Introduction à la philosophie d'Emmanuel Levinas
Bastiani Flora
Le lecteur d'Emmanuel Levinas peut remarquer que deux descriptions du sujet se dégagent : le moi paraît irrémédiablement tourné vers lui-même et seulement préoccupé par son propre bien-être ; tandis que d'autres textes présentent un moi complètement tendu vers autrui et prêt à se sacrifier pour lui. Levinas retrace l'entrée du sujet dans l'éthique comme le passage de l'un à l'autre de ces états. Flora Bastiani propose de lire Levinas à partir de l'étrangeté de ce saut qualitatif du moi en direction de l'autre.
(Coll. La philosophie en commun, 27.50 euros, 280 p.) *ISBN : 978-2-296-99262-7*

QUESTION (LA) DE LA TECHNIQUE
À partir d'un échange épistolaire entre Ernst Jünger et Martin Heidegger
Nerhot Patrick
La lettre de Heidegger à Jünger est d'une importance capitale pour comprendre les écrits de Heidegger après la Seconde Guerre mondiale. En effet, cette lettre se situe au coeur même de toutes ses réflexions, qu'il s'agisse de la Technique, de la Raison, du Langage ou de la Métaphysique. Elle éclaire d'une lumière particulière non seulement les écrits d'après-guerre mais aussi la question, si controversée, si polémique, de l'importance du nazisme dans sa pensée.
(Coll. L'Ethique en mouvement, 32.50 euros, 316 p.) *ISBN : 978-2-296-96422-8*

JEAN-MICHEL PALMIER – Arts et société
Berthet Dominique, Lachaud Jean-Marc
Jean-Michel Palmier (1944-1998) a consacré de nombreux ouvrages et articles aux courants artistiques, philosophiques et politiques des années 1920-1930 en Allemagne et en Union soviétique. Ses travaux notamment sur l'expressionnisme et la vie culturelle sous la République

de Weimar permettent aux lecteurs de mieux comprendre les multiples controverses qui opposèrent au XXe siècle des théoriciens et des praticiens se réclamant de différents et antagonistes courants marxistes.
(Coll. Ouverture Philosophique, série Arts vivants, 34.00 euros, 328 p.)
ISBN : 978-2-296-96076-3, ISBN EBOOK : 978-2-296-49810-5

DE LA VICTIMISATION – Lectures expérimentales
Kakogianni Maria - Préface d'Alain Badiou
A supposer que la femme ne soit pas la victime de l'Histoire. Voici pour l'hypothèse mobile. À partir de là, le texte se présente comme une série de lectures ; Xénophon, Aristote et Platon se mettent à dialoguer avec Foucault, Badiou et Lacan. Il ne s'agit pas de lectures qui cherchent à rendre lisible, dans les textes classiques, la domination du genre, la métaphysique des sexes... Ce qui fait symptôme, ce qu'il s'agit d'apprendre à lire, c'est la place de la victime comme seule autorisée dans le Marché.
(Coll. La philosophie en commun, 29.00 euros, 286 p.) *ISBN : 978-2-296-99189-7*

TEMPS HISTORIQUE ET IMMANENCE
Les concepts de nécessité et de possibilité dans une histoire ouverte
Chataignier Gadelha Gustavo
Cet ouvrage vise à explorer l'historicité en tant qu'horizon privilégié de la philosophie. L'auteur procède à un parcours analytique : il commence par caractériser les spécificités du temps historique puis se penche sur l'analyse de diverses philosophies de l'histoire et termine par confronter la notion contemporaine d'événement à ses limites pratiques. Cette réflexion s'achève sur le rapport marxien entre nature et histoire.
(Coll. La philosophie en commun, 57.00 euros, 684 p.) *ISBN : 978-2-296-97037-3*

TERRITOIRES (LES) DU SENTIMENT OCÉANIQUE
Sous la direction de Dallet Sylvie, Noël Emile
Le sentiment océanique est une forme particulière des états modifiés de conscience, domaine qui est attesté du plus lointain des témoignages humains. La spécificité de cette sensation, assimilée depuis Romain Rolland aux capacités de la religiosité indienne, reste un mystère de la connaissance. Celle-ci qui allie une joie à une forme de dissolution ou de rencontre de la matière est pour la première fois analysée sur des observatoires différents : spiritualités, biologie, littérature, poésie, philosophie, sport...
(Coll. Ethiques de la création, 17.50 euros, 164 p.) *ISBN : 978-2-296-99152-1*

DIALECTIQUE OU ANTINOMIE ?
Comment penser ?
Chateau Dominique
Ce livre concerne deux manières de penser : la dialectique et l'antinomie. Il étudie la dialectique de Hegel, en son unicité et sa radicalité, expose sa critique et considère sa régression à l'antinomie ou encore son fantasme qui ne cesse de hanter la philosophie. Ce débat mobilise, outre Aristote et Platon, Kierkegaard, Nietzsche, Benjamin, Lyotard, Marx, Peirce et quelques autres.
(Coll. Ouverture Philosophique, 14.50 euros, 144 p.) *ISBN : 978-2-296-99177-4*

IDÉOLOGIE DE LA RUPTURE
Suivie de plaidoyers pour l'aliénation
D'hondt Jacques - Postface de Paolo Quintili
Jacques D'hondt (1920-2012) a conquis par ses travaux sur Hegel et Marx une renommée internationale. C'est un critique de ses contemporains dans *L'idéologie de la rupture* (première édition en 1978) et, dans nombre de ses publications aujourd'hui encore dispersées. La présente édition réunit, à la suite des chapitres originaux, plusieurs de ses contributions.
(Coll. Bibliothèque historique du Marxisme, 18.50 euros, 174 p.) *ISBN : 978-2-296-96380-1*

L'HARMATTAN, ITALIA
Via Degli Artisti 15; 10124 Torino

L'HARMATTAN HONGRIE
Könyvesbolt ; Kossuth L. u. 14-16
1053 Budapest

ESPACE L'HARMATTAN KINSHASA
Faculté des Sciences sociales,
politiques et administratives
BP243, KIN XI
Université de Kinshasa

L'HARMATTAN CONGO
67, av. E. P. Lumumba
Bât. – Congo Pharmacie (Bib. Nat.)
BP2874 Brazzaville
harmattan.congo@yahoo.fr

L'HARMATTAN GUINÉE
Almamya Rue KA 028, en face du restaurant Le Cèdre
OKB agency BP 3470 Conakry
(00224) 60 20 85 08
harmattanguinee@yahoo.fr

L'HARMATTAN CAMEROUN
BP 11486
Face à la SNI, immeuble Don Bosco
Yaoundé
(00237) 99 76 61 66
harmattancam@yahoo.fr

L'HARMATTAN CÔTE D'IVOIRE
Résidence Karl / cité des arts
Abidjan-Cocody 03 BP 1588 Abidjan 03
(00225) 05 77 87 31
etien_nda@yahoo.fr

L'HARMATTAN MAURITANIE
Espace El Kettab du livre francophone
N° 472 avenue du Palais des Congrès
BP 316 Nouakchott
(00222) 63 25 980

L'HARMATTAN SÉNÉGAL
« Villa Rose », rue de Diourbel X G, Point E
BP 45034 Dakar FANN
(00221) 33 825 98 58 / 77 242 25 08
senharmattan@gmail.com

L'HARMATTAN TOGO
1771, Bd du 13 janvier
BP 414 Lomé
Tél : 00 228 2201792
gerry@taama.net

644138 - Mars 2016
Achevé d'imprimer par